Stefan Felleckner

Der außergewöhnliche Aufstieg des Nationalsozialismus in der Region Gifhorn-Isenhagen

Untersuchungen über die Spätphase der Weimarer Republik

**Beiträge zur Geschichte des Landkreises Gifhorn
Neue Serie
Band 1**

Der außergewöhnliche Aufstieg des Nationalsozialismus in der Region Gifhorn-Isenhagen

Stefan Felleckner

Bibliografische Information der Deutschen Nationalbibliothek:
Die Deutsche Nationalbibliothek verzeichnet diese
Publikation in der Deutschen Nationalbibliografie;
detaillierte bibliografische Daten sind im Internet
über http://dnb.dnb.de abrufbar.

Herstellung und Verlag:
BoD – Books on Demand, Norderstedt

ISBN: 978-3-7597-1172-4

Inhaltsverzeichnis

Fragestellung und Quellensituation

Das Gebiet Gifhorn-Isenhagen gehörte in der Spätphase der Weimarer Republik zu denjenigen Regionen Deutschlands, in welchen die Nationalsozialisten bereits vor ihren großen reichsweiten Erfolgen überdurchschnittlich gute Wahlergebnisse erzielten.[1] Bei der Reichstagswahl im Mai 1928, als die Hitlerpartei landesweit mit gerade einmal 2,6% noch eine Randerscheinung geblieben war, hatte sie in der Region Gifhorn-Isenhagen immerhin bereits 8,5% der Stimmen erhalten.[2] Zwei Jahre später, bei der „Erdrutschwahl" im September 1930, als die NSDAP ihre Stimmenzahl im Reich schlagartig auf 18,3% vermehren konnte, erreichte sie in Isenhagen bereits 31,4%[3], im Kreis Gifhorn sogar 36,0% der Stimmen.[4] Auch in den folgenden Wahlen sollte sich diese Entwicklung fortsetzen. Den Höhepunkt bildete die Reichstagswahl vom 31. Juli 1932, als die NSDAP

---

[1] Die gesamte Region Osthannover bildete damals eine Hochburg der Hitlerpartei, neben Schleswig-Holstein, Pommern und Teilen des südlichen Mitteldeutschlands (siehe u.a. https://de.wikipedia.org/wiki/Reichspr%C3%A4sidentenwahl_1932) ,https://geschichte-s-h.de/sh-von-a-bis-z/n/nationalsozialismus/ Für die erste Hälfte der 1920er Jahre siehe hinsichtlich der Region Gifhorn-Isenhagen auch Rode, R., Der Nationalsozialismus in den Kreisen Gifhorn und Isenhagen. Von den Anfängen bis 1933 (masch. schr.), Braunschweig 1980 (Privatbesitz).
[2] Gutmann, H.G., Gifhorn im Zeichen von Blut und Boden. Nationalsozialismus im Landkreis Gifhorn, Steinhorster Schriften, Braunschweig und Gifhorn 1991, S. 118. In Isenhagen waren es 7,1%, in Gifhorn sogar 9,8% (Isenhagener Kreiskalender. Ein Heimatbuch auf das Jahr 1931, a.a.O., S. 146ff sowie Allerzeitung 16.09.1930, S. 2.
[3] Isenhagener Kreiskalender. Ein Heimatbuch auf das Jahr 1931, Wittingen 1930, S. 146ff. Vergleichende Übersicht über die Reichstagswahlen in den Jahren 1928 und 1930.
[4] Kreisarchiv Gifhorn (im Folgenden: KA Gf) Bibl 10 007/02, Diensttagebuch des Gifhorner Landrats Dr. Eugen v.Wagenhoff, Teil 2 (1925-1934), S. 201, Allerzeitung vom 16.09.1930, S. 1f.

37,3% der Stimmen erhielt, im Kreis Gifhorn jedoch 67,3% und beim nördlichen Nachbarn Isenhagen sogar 72,6%.[5]

In dieser Arbeit soll untersucht werden, welche Faktoren es waren, die in der Region Gifhorn-Isenhagen einen überdurchschnittlich frühen und überdurchschnittlich starken Erfolg der NSDAP ermöglicht haben, wobei insbesondere die Tätigkeit der nationalsozialistischen Aktivisten vor Ort näher betrachtet werden wird. Gutmann, der bereits 1991 eine recht umfassende Studie über die Region Gifhorn-Isenhagen im Nationalsozialismus geliefert hat, dokumentiert zwar die hier stattgefundenen außergewöhnlichen Erfolge der Hitlerpartei, führt als Erklärung jedoch lediglich an, dass sich die hiesigen Wähler „wie so viele Deutsche jener Zeit, durch die Propaganda der NSDAP blenden" ließen.[6] Es bleibt die Frage, worum es sich bei diesem Blendwerk eigentlich handelte und warum es gerade hier so große Wirkung entfalten konnte. Um die Entwicklung im Gebiet Gifhorn-Isenhagen in den Gesamtzusammenhang einzuordnen, werden auch Vergleiche mit Wahlergebnissen anderer Regionen im niedersächsischen Raum gezogen werden.

Die Fragestellung ist nicht unproblematisch, vor Allem weil die Quellenbasis ausgesprochen dünn ist. Zunächst ist eine Analyse der Denkprozesse der damals Lebenden, die bei ihnen zu Anhängerschaft oder aktiver Unterstützung der NSDAP geführt haben könnten, nicht möglich. Politische Selbstzeugnisse von einfachen Bürgern aus dieser Zeit sind so gut wie nicht vorhanden

---

[5] https://de.wikipedia.org/wiki/Reichstagswahl_Juli_1932, KA Gf Bibl 10 007 / 02, a.a.O., S. 225, Isenhagener Kreisblatt vom 02.08.1932.
[6] Gutmann, a.a.O., S. 55.

und die Erinnerungen von Personen des öffentlichen Lebens leider häufig mehr apologetisch als dokumentarisch.[7] Auch sind Befragungen von Augenzeugen angesichts des großen Zeitabstands mittlerweile nicht mehr durchführbar und Nachkommen von nationalsozialistischen Aktivisten im Regelfall nur selten an einer Durchleuchtung ihrer Familiengeschichte interessiert. Um dennoch eine Analyse vornehmen zu können, werden im Folgenden neben amtlichen Dokumenten und einschlägiger Literatur auch Zeitungsberichte von Veranstaltungen und anderen Ereignissen herangezogen werden, weil diese besonders gut geeignet sind, ein Stimmungsbild der zu untersuchenden Zeit zu liefern. Darüber hinaus konnten glücklicherweise einige besonders wertvolle Quellen gesichtet werden, über die weiter unten berichtet werden wird.

Der Untersuchungszeitraum schließt mit der Reichstagswahl im November 1932 ab, weil die danach bis zum Jahr 1945 in Deutschland abgehaltenen Wahlen nicht mehr frei waren und somit für die Forschung nur von bedingtem Wert sind. Der Vollständigkeit halber sei nur vermerkt, dass die Region Gifhorn-Isenhagen auch bei der letzten noch halbwegs regelrechten Reichstagswahl am 5. März 1933 ihren Status als Hochburg der NSDAP bewahrte.[8] Bei diesem Urnengang, welcher der Hitlerpartei reichsweit 43,9% der Stimmen einbrachte, stimmten im alten Gifhorner Gebiet 72,2% und im ehemaligen Kreis Isenhagen 79,4% für Hitler.[9]

---

[7] Beispielhaft KA Gf Bibl 20 168, Erinnerungen des ehem. Gifhorner Bürgermeisters Ludwig Kratz (masch. schr. Kassel 1959).
[8] https://de.wikipedia.org/wiki/Reichstagswahl_M%C3%A4rz_1933
[9] KA Gf Bibl 10 007 / 02, a.a.O., S. 239.

Aufgrund des oben Gesagten und der Tatsache, dass der Schwerpunkt dieser Arbeit zumindest teilweise in Bereichen liegt, die bislang wenig Beachtung gefunden haben, wird der interpretative Teil relativ groß sein. Ausgangspunkt ist dabei die These, dass die üblichen Begünstigungsfaktoren nicht erklären können, wie es in der Region Gifhorn-Isenhagen zu Wahlergebnissen jenseits der 60%, teilweise sogar der 70% kommen konnte.

Eine letzte Antwort auf die Frage, warum die NSDAP in der Region Gifhorn-Isenhagen bereits so früh so stark werden konnte, wird diese Arbeit dennoch nicht geben können. Sie stellt nur einen Versuch dar, sich dieser Antwort zu nähern und repräsentiert gleichsam den aktuellen Stand auf diesem sehr begrenzten Gebiet der historischen Forschung.

Region, Bevölkerung und Wirtschaft

Die Region Osthannover, welche die Regierungsbezirke Lüneburg und Stade umfasste, war kein verwaltungstechnischer Bezirk innerhalb der preußischen Provinz Hannover, doch bildete sie seit 1920 den Wahlkreis Nummer 15 und somit eine wahlpolitische Einheit.[10] Die NSDAP hatte das Reichsgebiet parteiin-

---

[10] Stegmann, D., Politische Radikalisierung in der Provinz. Lagerberichte und Stärkemeldungen der Politischen Polizei und der Regierungspräsidenten für Osthannover 1922-1933, Historische Kommission für Niedersachsen und Bremen (Hrsg.), Hannover 1999, S. 10f, auch im Folgenden.

tern in Gaue eingeteilt, wobei jener mit dem Wahlkreis 15 übereinstimmende seit 1925 Lüneburg-Stade und ab 1928 ebenfalls Osthannover hieß. Im Folgenden wird diese Bezeichnung als geografische Eingrenzung des Untersuchungsgebiets hin und wieder auftauchen. Nach dem schleswig-holsteinischen Wahlkreis errang die NSDAP in beiden Reichstagswahlen des Jahres 1932 in Osthannover mit 49,5% und 42,9% ihre besten Ergebnisse.[11] Die Landkreise Gifhorn und Isenhagen lagen im Südosten des Wahlkreises Osthannover und waren für dessen gesellschaftliche und wirtschaftliche Struktur typisch. Der Regierungspräsident, Vorgesetzter der beiden Landräte, saß in Lüneburg, der Oberpräsident der gesamten Provinz in Hannover. Über diesem stand wiederum der Minister des Inneren in Berlin.

Die Erkenntnis, dass die nationalsozialistische Propaganda in protestantisch geprägten ländlich-kleinstädtischen Regionen am erfolgreichsten war, ist nicht neu. Eben diese Bedingungen herrschten während der Weimarer Republik auch in der Region Gifhorn-Isenhagen vor.[12] Im rund 800 Quadratkilometer großen Kreis Gifhorn lebten um 1930 kaum 40.000 Menschen, im fast ebenso großen Kreis Isenhagen waren es sogar nur etwas über

---

[11] https://de.wikipedia.org/wiki/Reichstagswahl_Juli_1932 /_https://de.wikipedia.org/wiki/Reichstagswahl_November_1932

[12] Dem widersprechen auch die frühen Erfolge der NSDAP im überdurchschnittlich industrialisierten Thüringen nicht, denn dieses war ebenfalls klein- und mittelstädtisch geprägt. Regelrechte Großstädte gab es dort gar nicht (siehe u.a. Ocken, N., Hitlers „Braune Hochburg": Der Aufstieg der NSDAP im Land Thüringen (1920-1933), Examensarbeit 2012, o.A. Zum Wahlverhalten der Katholiken während der Weimarer Republik siehe auch Horstmann, J., Katholiken und Reichstagswahlen 1920-1933. Ausgewählte Aspekte mit statistischem Material, in: JCSE 26 (1985): 063-095.

20.000.[13] Aber auch der gesamte Rest der Region war ausgesprochen schwach bevölkert. In ganz Osthannover lebten zur selben Zeit gerade einmal eine Million Menschen, die größten Städte waren Harburg-Wilhelmsburg mit 110.000 und Wesermünde mit 73.000 Einwohnern. Im Gegensatz zum Reichsdurchschnitt (44%) wohnten in Osthannover über zwei Drittel der Bevölkerung in Gemeinden unter 5.000 Einwohnern, selbst in den Kreisstädten lebten zumeist weniger als 10.000 Menschen, in Gifhorn waren es noch nicht einmal 5.000. Der Anteil der Juden an der Gesamtbevölkerung Osthannovers war mit gerade einmal 0,15% äußerst gering. In Isenhagen waren damals 13, in Gifhorn ganze 7 Personen jüdischen Glaubens gemeldet.[14]

Wie in ganz Osthannover, prägten auch in der Region Gifhorn-Isenhagen klein- und mittelbäuerliche Betriebe die Alles dominierende Landwirtschaft, etwa 70% der bearbeiteten Fläche entfielen auf Höfe mit einer Größe zwischen 5 und 50 Hektar. Über ein Drittel der Beschäftigten in Osthannover arbeitete im Agrarsektor, in Gifhorn und Isenhagen waren es mit 53,9% und 66,2% sogar noch bedeutend mehr.[15] Die Erzeuger produzierten in erster Linie für marktnahe Abnehmer, wobei der Anteil der Viehwirtschaft relativ hoch war.[16] Da die Weimarer Republik kaum Schutzzölle erhob, verspürten die osthannoverschen

---

[13] Koch, R., Erinnerungen an 100 Jahre Landkreis Gifhorn 1885-1985, Gifhorn 1985, S. 77.
[14] Stegmann, a.a.O., S. 18ff.
[15] Stegmann, a.a.O., S. 21ff, auch im Folgenden.
[16] Koch, a.a.O., S. 78. Um 1930 waren in der Region Gifhorn-Isenhagen über 9.000 Pferde, über 44.000 Rinder, rund 115.000 Schweine, über 12.000 Schafe und fast 6.000 Ziegen vorhanden.

Landwirte die billigere ausländische Konkurrenz, etwa aus Polen, sehr deutlich. Missernten und Viehseuchen taten ein Übriges, die Verschuldung der Betriebe in die Höhe zu treiben, was zu einem rasanten Anstieg der Zwangsversteigerungen in der zweiten Hälfte der 1920er Jahre führte.[17] Die Regierung erhob zwar schließlich wieder Schutzzölle für Getreide, doch kamen diese im Wesentlichen den großen Erzeugern im Osten des Reiches zugute. All dies verstärkte in jenen Agrarregionen, welche vornehmlich für den Inlandsmarkt produzierten, den Eindruck, von der Politik im Stich gelassen worden zu sein. Bereits vor der Weltwirtschaftskrise war die ökonomische Lage in Osthannover in fast allen Bereichen schlecht, was sich auch darin zeigte, dass immer mehr entlassene Handwerker mit Dumping-Angeboten auf den Markt oder als Hilfsarbeiter in die Landwirtschaft drängten, deren Aufnahmebereitschaft allerdings begrenzt war. Der in der Landwirtschaft überall bestehende Kapitalmangel führte dazu, dass Arbeitskräfte teilweise in Naturalien bezahlt wurden.

Quellen und Wahlergebnisse

Über die damalige politische Entwicklung in der Region Gifhorn-Isenhagen sind zwei besondere Quellen vorhanden. Zum einen handelt es sich um das zweibändige Diensttagebuch des Gifhorner Landrats v.Wagenhoff, der den Kreis von 1908 bis 1937 als Spitzenbeamter leitete und dem Nationalsozialismus schon

---

[17] Stegmann, a.a.O., S. 37ff, auch im Folgenden.

vor 1933 nahestand.[18] Zum anderen liegt aus dem Jahr 1934 der Bericht eines altgedienten Parteigenossen der NSDAP aus dem Kreis Isenhagen vor, in dem er den Aufstieg der NS-Bewegung in seiner Region darstellt.[19] Insbesondere letzterer liefert abseits des unvermeidlichen propagandistischen Beiwerks interessante Einblicke in die damalige politische Alltagstaktik der NS-Aktivisten vor Ort sowie über deren eher vage Vorstellungen von den eigentlichen Zielen der Hitlerpartei. Obwohl es sich hierbei um eine stark subjektiv geprägte Quelle handelt, soll sie dennoch in die Analyse einbezogen werden, denn sie wurde zu einer Zeit erstellt, als die beschriebenen Ereignisse noch nicht lange zurücklagen und die handelnden Personen noch lebten. Eine allzu offensichtlich unzutreffende Schilderung der Verhältnisse wäre demnach mit ziemlicher Sicherheit auf entsprechenden Widerstand gestoßen. Darüber hinaus stellte der außergewöhnliche Aufstieg der NSDAP im Kreis Isenhagen zur Zeit der Veröffentlichung eine Realität dar, so dass sich eine allzu geschönte Darstellung erübrigte.

Für Isenhagen ist außerdem eine nach Orten aufgegliederte vergleichende Übersicht der Reichstagswahlergebnisse von 1928 und 1930 vorhanden.[20] Neben dem Aufstieg der NSDAP zeigt diese auch die kleinteilige Siedlungsstruktur des damaligen Kreises. Von insgesamt 61 Orten zählten nur fünf über

---

[18] KA Gf Bibl 10 007 / 01 und 02, Diensttagebuch des Gifhorner Landrats Dr. Eugen v.Wagenhoff (Band 1 von 1908-1924, Band 2 von 1925-1934). Zur politischen Einordnung v.Wagenhoffs siehe auch Felleckner, S., Der Gifhorner Landrat Dr. Eugen v.Wagenhoff in neuer Sicht, Schriftenreihe des Kreisarchivs, Bd. 28, Gifhorn 2014.
[19] KA Gf Bibl 10 033, Krüger, H. (Red.), Wir waren dabei. Berichte über die nationalsozialistische Bewegung und ihre Entwicklung im ehemaligen Kreise Isenhagen, Wittingen 1934.
[20] Isenhagener Kreiskalender (...) 1931, a.a.O., S. 146ff (siehe auch im Folgenden, auch Gemeindeverzeichnis S. 136ff).

1.000 Einwohner, in der größten Gemeinde, der Stadt Wittingen, lebten nicht einmal 3.000 Menschen. Sieben Orte hatten sogar unter 100 Einwohner, obwohl 1928 bereits in zehn Fällen so genannte „Zwerggemeinden" mit Nachbardörfern zusammengeschlossen worden waren.[21] Beim Vergleich der Reichstagswahlergebnisse von 1928 und 1930 im Kreis Isenhagen fallen bereits einige Besonderheiten auf:

In beiden Wahlen erhielt die Deutsch-Hannoversche Partei die meisten Stimmen, 1928 mit 40,4% sogar noch mehr als doppelt so viele wie die nächstgrößte Gruppierung (SPD: 18,3%).

1928 lag die Christlich-Nationale Landvolk-Bauernpartei mit 8,0% noch knapp vor der NSDAP (7,1%).

Liberale und Kommunisten blieben in beiden Wahlen jeweils deutlich hinter ihren reichsweiten Ergebnissen zurück.

Den auffälligsten Sprung bildete der Anstieg der Stimmen für die NSDAP von 1928 bis 1930. Bis auf die Kommunisten (die allerdings insgesamt unerheblich blieben) verloren alle anderen Parteien zugunsten der NSDAP, wobei die SPD die größten Einbußen erlitt (von 18,3% auf 11,6%).

1930 hatte die NSDAP mit der traditionellen Führungspartei in der Region, den Deutsch-Hannoveranern, bereits fast gleichgezogen (31,4% zu 33,3%).

In 60 von 61 Orten verzeichnete die NSDAP 1930 gegenüber 1928 Zuwächse, stellenweise in außergewöhnlichem Maß. So stiegen etwa in Emmen die für sie abgegebenen Stimmen von

---

[21] Gifhorner Kreiskalender 2016, Gifhorn 2015, S. 62ff (Felleckner, S., Die Aufhebung von „Zwerggemeinden" im Landkreis Isenhagen im Jahre 1928).

10 auf 111, in Boitzenhagen von 1 auf 40, in Ehra von 8 auf 69, in Knesebeck von 13 auf 215, in Schweimke von 2 auf 66, in Sprakensehl-Masel von 1 auf 91, in Steimke von 1 auf 47, in Wahrenholz von 22 auf 157 oder in Wesendorf von 4 auf 54. Selbst im vergleichsweise „urbanen" Wittingen stieg die Zahl der NSDAP-Wähler von 86 auf 422.

Diese Zahlen machen deutlich, dass in der Region Isenhagen, viel mehr noch als im Reich, die aus Sicht der Nationalsozialisten stärkste Konkurrenz nicht aus der linken, sondern aus der konservativen Richtung kam, was offenbar auch von den NS-Aktivisten vor Ort so gesehen wurde.[22] Die in der preußischen Provinz Hannover traditionell starken Deutsch-Hannoveraner, welche nicht nur als Interessenvertretung der Landbevölkerung, sondern auch als „Welfenpartei" aufgrund ihres historisch-dynastisch begründeten antipreußischen Ressentiments positiv wahrgenommen wurden, hatten in der ersten Hälfte der 1920er Jahre in einigen Regionen eine Position inne, die man heute als die einer Volkspartei beschreiben würde. Ihr Einfluss in den zahlreichen auch politisch maßgeblichen kommunalen Landbünden und bäuerlichen Vereinen war entsprechend groß.[23] Vor diesem Hintergrund erscheint der rasante Aufstieg der NSDAP in Isenhagen innerhalb nur zweier Jahre umso bemerkenswerter. Die 1928 noch knapp vor der Hitlerpartei liegende Christlich-Nationale Landvolk-Bauernpartei spielte 1930 mit nur mehr 6,3% der Stimmen bereits keine nennenswerte Rolle mehr.

---

[22] KA GF Bibl 10 033, a.a.O., u.a. S. 13f, 17, 20, 38.
[23] Stegmann, a.a.O., S. 53ff.

Betrachtet man zum Vergleich den Ausgang der Reichstagswahl vom September 1930 im benachbarten Kreis Gifhorn, fallen einige Unterschiede auf.[24] Am bemerkenswertesten ist das dortige Abschneiden der NSDAP, welche mit 36,0% die Deutsch-Hannoveraner mit nur mehr 12,0% bereits weit hinter sich gelassen hatte. Demgegenüber blieb jedoch die SPD mit 26,3% recht stark und lag sogar über dem Reichsdurchschnitt (24,5%). Eine weitere Besonderheit bildeten die in Gifhorn mit rund 10% vergleichsweise starken liberalen Kräfte (Mittelstandspartei, Deutsche Staatspartei und Deutsche Volkspartei), welche im nördlichen Nachbarkreis bedeutungslos waren. Das im Gegensatz zu Isenhagen auch 1930 noch sehr starke Abschneiden der SPD ist wahrscheinlich damit erklärbar, dass es in und um Gifhorn einige Großbetriebe gab (Triangeler Torfwerke, Gifhorner Glasfabrik, Gifhorner Konservenfabrik), zu denen naturgemäß auch eine entsprechende Arbeiterschaft gehörte. In Isenhagen war keine vergleichbare Industrie vorhanden.

---

[24] KA GF 10007 / 02, a.a.O., S.201, Allerzeitung vom 16.09.1930, S. 1f, auch im Folgenden.

Die Region Gifhorn-Isenhagen im wahlpolitischen Umfeld der niedersächsischen Wahlkreise

Im Folgenden wird die Untersuchungsregion hinsichtlich der Zustimmung zur NSDAP mit den übrigen Land- und Stadtkreisen der damaligen niedersächsischen Wahlkreise 14 (Weser-Ems), 15 (Osthannover) und 16 (Südhannover-Braunschweig) verglichen, also eines Gebietes, das fast vollständig mit dem des späteren Bundeslandes Niedersachsen übereinstimmt. Hierfür werden die Ergebnisse der Reichstagswahlen vom 14. September 1930, 31. Juli 1932 und 6. November 1932 herangezogen, wobei die Ergebnisse von Gifhorn und Isenhagen für alle drei Wahlgänge zusammengerechnet wurden. [25] Was die Zustimmung zur NSDAP betraf, befand sich die Region Gifhorn-Isenhagen bereits bei der 1930er Reichstagswahl mit 34,2% auf Platz 10 und somit in der Spitzengruppe der 74 untersuchten Kreise. Nimmt man als Richtwert die Reichstagswahl vom 31. Juli 1932, bei welcher die NSDAP mit 37,3% ihr bestes reichsweites Ergebnis vor der „Machtergreifung" vom Januar 1933 erreichte, lassen sich die insgesamt 74 Stadt- und Landkreise in drei Kategorien einteilen:

- 32 zeigten außerordentlich hohe Ergebnisse von über 50% für die NSDAP
- 22 zeigten deutlich überdurchschnittliche Ergebnisse für die NSDAP, blieben aber unter 50%

---

[25] Franz, G., Die politischen Wahlen in Niedersachsen 1867 bis 1949, 3. ergänzte Auflage mit einem Anhang: Die Wahlen 1951 bis 1956, Bremen 1957, S. 36, 262ff, auch im Folgenden. Franz berechnet den Kreis Gifhorn auch schon vor der Kreisreform vom 1. Oktober 1932 inklusive des Isenhagener Gebiets.

- 20 zeigten nur schwach überdurchschnittliche Ergebnisse für die NSDAP oder bleiben unter dem Reichsdurchschnitt

Die Spitze bildete der Kreis Ammerland mit 77,8%, das Schlusslicht der Kreis Aschendorf-Hümmling mit 8,3%. Die Kreise mit vergleichsweise schwachem NSDAP-Ergebnis zeigten entweder eine starke katholische oder industrielle Prägung, was zu entsprechenden Erfolgen der Zentrumspartei oder der Sozialdemokraten führte. In der Region Gifhorn-Isenhagen errang die NSDAP mit insgesamt 68,1% das viertbeste Ergebnis von allen 74 untersuchten Kreisen. Diesen Platz hielt sie dort auch bei der Reichstagswahl am 6. November 1932 mit 61,5%. Angesichts dieser Zahlen kann eindeutig festgestellt werden, dass es sich bei der Region Gifhorn-Isenhagen nicht nur in absoluten Zahlen, sondern auch im Vergleich innerhalb der damaligen niedersächsischen Kreise um eine Ausnahme-Hochburg der NSDAP handelte.

Der persönliche Faktor

Die außergewöhnlichen Wahlerfolge der NSDAP in der Region Gifhorn-Isenhagen, welche bereits bei der Reichstagswahl vom September 1930 deutlich sichtbar wurden, sind jedoch, wie auch im Fall anderer Hochburgen der Hitlerpartei, nicht allein damit zu erklären, dass diese Gebiete protestantisch und ländlich-kleinstädtisch waren. Dies traf auch auf andere Gegenden zu, in denen sich solche Erfolge nicht ereigneten. Es mussten allem Anschein nach noch weitere Schubkräfte hinzukommen, um eine derartige Entwicklung zu ermöglichen. Der bereits erwähnte Bericht des Isenhagener NSDAP-Chronisten bietet zumindest teilweise eine Erklärung für dieses politische Phänomen an. Durch die gesamte Aufzeichnung ziehen sich Verweise auf den Einfluss herausragender Persönlichkeiten auf allen Ebenen der NS-Parteihierarchie, vom einfachen Parteigenossen bis zum Kreisleiter. Wenn es gelang, ein Netzwerk von entsprechend engagierten, aktiven Unterstützern und Propagandisten aufzubauen, konnten sowohl außergewöhnliche Wahlergebnisse wie auch zahlreiche Parteieintritte erreicht werden. Im Kreis Isenhagen wie auch beim südlichen Nachbarn Gifhorn gelang es offenbar, diese Strukturen aufzubauen. Der zeitgenössische Bericht beschreibt diese engagierten Unterstützer der NSDAP bezeichnenderweise weniger als Anhänger einer Partei denn als Gläubige, welche sich für ihre Sache in einer Weise einsetzten, die weit über das normale politische Engagement hinausging. So heißt es an einer Stelle über die Gefolgsleute Hitlers: „Die blinde hingebende Treue und Kampfbereitschaft seines Gefolges, seiner Parteigenossen war und ist die Grundlage des heutigen Staates. Sie warben für die Idee ihres Führers, sie schafften, sie kämpften, bluteten und litten. Ohne ihre nimmermüde Opferbereitschaft, ohne ihren unerschütterlichen Glauben an die Berufung Adolf Hitlers wäre nie ein (...) 1933 gekommen. Aus dem Blut der nationalsozialistischen Kämpfer erstand des Dritte Reich."[26] Ganz in diesem Sinn äußerte sich ein anderer NS-Aktivist aus Fallersleben kurz nach der „Erdrutschwahl" vom September 1930 in einem Leserbrief über seine Motivation: „Besteht die Bewegung (...) aus lauter Trägern des Willens zu

---

[26] KA Gf Bibl 10 033, a.a.O., S. 2.

schöpferischer Gemeinschaft, dann ist die Macht der Gemeinschaft ihr Sinn. (…) Auf das innere Aussehen kommt es an, nicht auf das äußere Ansehen. (…) Ein neuer Gesinnungsadel tritt in Erscheinung, er ist begründet in der Sehnsucht des unverdorbenen Volkes nach Besserem, Wertvollerem, nach Reinem. Die uralten Begriffe der Ehre, Treue, Güte trachten danach, wieder lebendig zu werden, das Licht schickt sich an, über die Finsternis zu siegen."[27]

Derartige pathoslastige Bekenntnisse von Nationalsozialisten finden sich zu dieser Zeit in großer Zahl. Ihnen gemeinsam ist der Anspruch, einer völlig neuen, opferbereiten Bewegung anzugehören, deren Ziel einzig und allein das Wohlergehen des eigenen Volkes sei. Die noch kurz vor der Septemberwahl 1930 auf einer SPD-Versammlung in Gifhorn zu hörende Parole, den politischen Kampf „mit nur geistigen Waffen" zu führen, empfanden sie als Zeichen der Schwäche.[28] Die Anhänger der NSDAP waren in einem Glauben an die Notwendigkeit des Kampfes, gerade auch des physisch ausgetragenen, erzogen, da dieser das wichtigste Element der Auslese sei. Bereits in seinem Buch „Mein Kampf", das für die Nationalsozialisten bedeutungsmäßig einer Bibel gleichkam, hatte Hitler dies klar herausgestrichen: „Uns gegenüber steht das unendliche Heer weniger der böswillig Schlechten als der denkfaul Gleichgültigen und gar der an der Erhaltung des heutigen Zustandes Interessierten. Allein gerade in dieser scheinbaren Aussichtslosigkeit unseres gewaltigen Ringens liegt die Größe unserer Aufgabe und auch die Möglichkeit des Erfolges begründet. (…) Weltgeschichte

---

[27] Allerzeitung vom 12.10.1930.
[28] Allerzeitung vom 14.09.1930.

wird durch Minoritäten gemacht dann, wenn sich in dieser Minorität der Zahl die Majorität des Willens und der Entschlußkraft verkörpert. Was deshalb heute vielen als erschwerend gelten mag, ist in Wirklichkeit die Voraussetzung für unseren Sieg. Gerade in der Größe und den Schwierigkeiten unserer Aufgabe liegt die Wahrscheinlichkeit, daß sich zu ihrem Kampfe nur die besten Kämpfer finden werden. In dieser Auslese aber liegt die Bürgschaft für den Erfolg."[29] Diese Ideologie einer stets kampfentschlossenen und zu allen Opfern bereiten Bewegung versuchten auch die NS-Aktivisten vor Ort zu verkörpern. Helden- und Märtyrergeschichten einzelner Parteigenossen wurden entsprechend verbreitet, auch der Isenhagener NSDAP-Chronist führte immer wieder solche Beispiele an. So berichtete er etwa von einem Parteiredner nach der für die Nationalsozialisten enttäuschenden Reichstagswahl im November 1932: „Alle dachten, wie der Pg. Sandrow aus Braunschweig tat. In der Nacht von Freitag auf Sonnabend wurde er von Kommunisten in seiner Heimatstadt überfallen und blutig geschlagen. Am Sonntag sprach er bereits wieder, im Wundverbande allerdings, in Vorhop. Das ist alter Nazi-Geist."[30]

Man könnte die oben beispielhaft angeführten Äußerungen von NS-Aktivisten als bloße Propaganda abtun, doch weisen sie zweifelsohne auf einen wichtigen Grund für den Aufstieg des Nationalsozialismus in der Region hin. Ohne außergewöhnlich aktive Unterstützer und Werber wäre es unmöglich gewesen,

---

[29] Hitler, A., Mein Kampf, Zwei Bände in einem Band. Ungekürzte Ausgabe, Zentralverlag der NSDAP, 851-855. Auflage, München 1943, S. 475, in: http://www.dedokwerker.nl/copy/mein_kampf_de.pdf_(die in den Anmerkungen zum Text angegebenen Seitenzahlen beziehen sich nicht auf die ursprünglichen Buchseiten, sondern entsprechen denen der digital wiedergegeben Quelle)
[30] KA Gf Bibl 10 033, a.a.O., S. 42.

bereits zwischen den Reichstagswahlen von 1928 und 1930, also in gerade einmal zwei Jahren, mit der stärksten Partei fast gleichzuziehen (Isenhagen) oder sogar mit deutlichem Abstand die stärkste zu werden (Gifhorn). Darüber hinaus ging die Erfolgsserie der Nationalsozialisten in Gifhorn und Isenhagen auch nach 1930 ungebremst weiter. Bei der Wahl zur Landwirtschaftskammer im Januar 1932 erhielt die Liste der NSDAP in Isenhagen bereits 59% der Stimmen, und in beiden Wahlgängen der Reichspräsidentenwahl im März und April desselben Jahres stimmten dort jeweils 64% für Hitler.[31] In Gifhorn sah es nicht viel anders aus. Hier entschieden sich im ersten Wahlgang 57,0% und im zweiten 61,8% für den „Führer" der NSDAP.[32] Eine deutliche Mehrheit der Menschen in der Region wollte bereits Anfang 1932 Adolf Hitler an der Spitze des Staates sehen, den der Isenhagener NSDAP-Chronist sogar kurzerhand zum „Bauernsproß" erklärte.[33]

Doch selbst in einer solchen NSDAP-Hochburg gab es Orte, die sich dieser Entwicklung entzogen und sowohl der Statistik wie den politischen Klischeevorstellungen wiedersprachen. Ein solcher Ort war das Dorf Gannerwinkel im Norden des Kreises Isenhagen. Es hatte damals gerade einmal 120 Einwohner und unterschied sich in keiner Hinsicht nennenswert von vergleichbaren Siedlungen in der Region.[34] Trotzdem bekamen dort die

---

[31] Ebenda, S. 28ff. Im gesamten Reich erhielt Hitler damals in der ersten Runde 30,1% und in der zweiten 36,8% der Stimmen. Gewählt wurde schließlich Hindenburg mit 53,1% der Stimmen (https://de.wikipedia.org/wiki/Reichspr%C3%A4sidentenwahl_1932)
[32] KA Gf Bibl 10 007 / 02, a.a.O., S. 216f.
[33] KA Gf Bibl 10 033, a.a.O., S. 32. Hitlers Vater war Zollbeamter und hatte lediglich im Alter zeitweise etwas Landwirtschaft betrieben. In den niedersächsischen Wahlkreisen 14, 15 und 16 hatte Hitler im zweiten Wahlgang im April 1932 insgesamt 44,0% der Stimmen erhalten, siehe Franz, a.a.O., S. 60.
[34] Isenhagener Kreiskalender (…) 1931, a.a.O., S. 136ff, auch im Folgenden.

Nationalsozialisten vor 1933 kein Bein auf den Boden. Von der 1928er Reichstagswahl bis zu derjenigen von 1930 stieg die Zahl der NSDAP-Stimmen nur von 0 auf 1(!), und auch bei späteren Wahlgängen tanzte Gannerwinkel völlig aus der Reihe, was auch der Isenhagener NSDAP-Chronist entsprechend tadelte. Als sich dort etwa bei der zweiten Runde der Reichspräsidentenwahl im April 1932 nur 5% für Hitler entschieden, nannte er dies einen „schmählichen Rekord".[35] Bei der Reichstagswahl Ende Juli gaben in jenem Dorf lediglich 13% der Wähler der NSDAP ihre Stimme.[36] Das Beispiel Gannerwinkel stützt die These vom Einfluss des persönlichen Faktors bei der Verbreitung der NS-Ideologie in indirekter Weise. Gerade weil die teilweise enormen Steigerungen der Hitlerstimmen in anderen Orten nur durch das Wirken von sehr engagierten NS-Aktivisten vor Ort zu erklären ist, kann in Gannerwinkel vom Fehlen solcher Akteure ausgegangen werden. Warum sie dort nicht vorhanden waren oder keine Wirkung erzielen konnten, ist allerdings nicht mehr zu ermitteln.

Schwierige Anfangsjahre

Der bemerkenswerte Aufstieg des Nationalsozialismus in der Region Gifhorn-Isenhagen kam, wie bereits erwähnt, nicht von allein, er musste, wie man damals gesagt hätte, „erkämpft"

---

[35] KA Bibl 10 033, a.a.O., S. 32.
[36] Gutmann, a.a.O., S. 50.

werden. Der Bericht des NSDAP-Chronisten aus Isenhagen liefert einen Einblick in die Art und Weise, wie das geschah. Aus der Sicht der damaligen NS-Aktivisten waren die zu überwindenden Widerstände anfangs sehr groß, so dass sie sich lange Zeit geradezu als verlorener Haufen empfanden. So heißt es etwa: „Das Jahr 1925, das Jahr 1926 vergingen in rastloser Tätigkeit der wenigen –aufklären, immer wieder aufklären. (...) Wie oft dachten sie, es ist ja doch alles zwecklos! Und wenn sie wieder nötig waren, waren sie wieder da. Ohne Dank, ohne Ehre, in schlichter einfacher Selbstverständlichkeit! Das war die alte opferbereite Garde (...)."[37] Im Kreis Isenhagen wurde 1927 in Wittingen die erste NSDAP-Ortsgruppe von der Gauleitung offiziell bestätigt, nach und nach folgten andere. Doch beim Reichstagswahlkampf von 1928 befanden sich die Anhänger Hitlers nach wie vor in einer klaren Außenseiterposition. Diejenigen, welche sich damals als NS-Aktivisten betätigten, mussten teilweise ganz reale gesellschaftliche oder berufliche Nachteile erdulden. Der Chronist kommentiert: „Mancher Arbeitgeber lauerte ja förmlich darauf, dem Nazi was am Zeuge zu flicken, um ihn auf „anständige Art" los zu werden."[38] An anderer Stelle beschreibt er die Lage der Isenhagener Nationalsozialisten vor der 1928er Reichstagswahl so: „Der Durchschnittsmensch verstand die Nazi nicht, lästerte zwar über sie, tat ihnen aber in den Zeiten der äußeren Ruhe selten etwas. Das wurde sofort anders, als für Mai 1928 die Neuwahlen zum Reichstag ausgeschrieben wurden. Da meldeten sich die Widersacher haufenweise."[39] Es folgt die Schilderung einer Sitzung

---

[37] KA Gf Bibl 10 007 / 02, a.a.O, S. 12.
[38] KA Gf Bibl 10 033, a.a.O., S. 24.
[39] Ebenda, S. 13.

des „Alten Landbundes für den Kreis Isenhagen e.V.", also der wichtigsten kommunalen Wirtschaftsvereinigung, bei welcher deutlich wird, wie schwach die Position der Nationalsozialisten zu dieser Zeit in den entscheidenden Gremien noch war: „In der Mitgliederversammlung am Morgen des 4. Februar (1928, e.A.) war der Antrag gestellt worden, den am Orte anwesenden Gauleiter (der NSDAP, e.A.) Telschow am Nachmittage über die Ziele der NSDAP reden zu lassen. Der Antrag wurde abgelehnt. Während der Versammlung am Nachmittage gelangten mehrere Zettel auf den Vorstandstisch mit der abermaligen Bitte, den Gauleiter Telschow sprechen zu lassen. Der Vorstand wollte wieder nicht. Es prasselten im Gegenteil vom Vorstandstisch her so gehässige, maßlos aufpeitschende Worte gegen den Nationalsozialismus und seine Vertreter in den Saal, daß die Menge zu wilder abweisender Haltung gegen Otto Telschow aufgestachelt wurde. Es war ihm so nicht nur unmöglich gemacht zu sprechen, er wurde sogar unter ständiger Bedrohung mit Schubsen und Drängeln vom Saal hinuntergeschoben."[40] Als Ende 1929 die Wahlen zum Kreistag bevorstanden, hatte die Isenhagener NSDAP, die erstmals mit einer eigenen Liste antrat, einige Mühe, genügend Kandidaten aufzustellen: „Es ist (...) nicht ganz leicht gewesen, einen Bauern als Spitzenkandidaten zu finden. Damals drängte sich niemand dazu. Die meisten mußten im Gegenteil erst mühsam bearbeitet werden, bis sie sich bereit erklärten, für die NSDAP öffentlich zu kandidieren."[41]

---

[40] Ebenda, S. 14.
[41] Ebenda, S. 17.

Auch die örtliche Presse stand den Nationalsozialisten vorerst eher reserviert gegenüber. Umso freudiger begrüßte die Partei 1929 die Gründung einer ihr nahestehenden Zeitung: „Vorläufig freilich war die Zeitung (Niedersächsisch-Altmärkische Rundschau, e.A.) im Wahlkampf eine beachtliche Stärkung der oppositionellen Rechtsfront, die naturgemäß jede Hilfe freudig begrüßen mußte. Denn im allgemeinen schwieg die Presse ja das für den Nationalsozialismus Günstige weiter tot und verbreitete dafür das Gelogene und Unwahre umso ausgiebiger."[42] Insgesamt beschrieb der Chronist die Werbetätigkeit der Parteigenossen in der Bevölkerung bis 1930 als mühsam, langwierig und nicht selten frustrierend. Zusammenfassend hieß es dazu: „Allerdings schlief der gute deutsche Michel bei uns doch noch reichlich fest."[43]

Führungspersönlichkeiten, Aktivisten und Sympathisanten

Die Bedeutung von engagierten und begabten Führungspersonen wird an vielen Stellen des Isenhagener Berichts hervorgehoben, etwa durch die Beschreibung des dortigen NSDAP-Kreisleiters Wienecke: „War die Organisation bisher naturnotwendig nicht recht straff gefaßt gewesen, so wurde das anders, als am 13. August 1931 Dr. Ernst Wienecke zum Kreisleiter ernannt

---

[42] Ebenda, S. 18.
[43] Ebenda, S. 17.

wurde. (...) Ein Kreisleiter in unserer Gegend mußte jung und elastisch, wirtschaftlich unabhängig, er mußte begeistert sein und andere begeistern können, er mußte ideell und materiell opfern können, er mußte bodenständig sein –all das traf für Ernst Wienecke zu."[44] Fast zeitgleich etablierte sich auch beim südlichen Nachbarn Gifhorn eine ambitionierte Führerfigur innerhalb der NSDAP, die Gutmann folgendermaßen beschreibt: „Im Laufe des Jahres (1931, e.A.) tauchte ein neuer, junger Aktivist der NSDAP auf, der als Redner allein 12 Veranstaltungen bestritt. Er war zu jener Zeit gerade 21 Jahre alt und sollte später Kreisleiter des Großkreises Gifhorn werden. Es handelte sich um Ernst Lütge aus Wedelheine."[45] Über derartige Führungspersonen verfügten die anderen Parteien in der Region nicht.

Auch auf der niederen Ebene der Ortsgruppen fanden sich in der Region immer wieder sehr rührige Aktivisten. Einen von ihnen beschreibt der Isenhagener Chronist so: „Kurze Zeit nach der Neugründung der Partei am 27. Februar 1925 war ihr hier oben einer der Treuesten beigetreten, August N (...) in Wittingen. (...) Der Nationalsozialismus ist heute (...) etwas Selbstverständliches im Leben unseres Volkes, er war es nicht immer. Er war einstmals im Gegenteil sehr umstritten. Und wie es stimmt, daß jene Führer sind, die vorangehen, so war August N (...) ein Führer im Kreise. Er war der erste Ortsgruppenleiter der (...) Wittinger Ortsgruppe. Er war durch Jahre hindurch der

---

[44] Ebenda, S. 23.
[45] Gutmann, a.a.O., S. 47. Lütge war ursprünglich der Führer der Hitlerjugend des Kreises Gifhorn.

von vielen verlachte, verspottete und dennoch unentwegte Gefolgsmann Adolf Hitler´s."[46] Der Autor nennt seine Parteigenossen bezeichnenderweise „Frontsoldaten", was nicht nur dem militaristischen Stil der NSDAP geschuldet war, sondern auch das Selbstverständnis jener Aktivisten ausdrückte, die sich in einem Kampf gegen sämtliche anderen politischen Gruppierungen begriffen. „Beschimpft, verlacht, beleidigt", heißt es im Bericht, seien die Anhänger Hitlers immer wieder in den Dörfern angetreten, „wenn es nottat, von Mund zu Mund, von Dorf zu Dorf Adolf Hitler´s Lehre zu verbreiten; wenn es galt, die Lügen richtig zu stellen und neue Mitglieder zu werben".[47] Von den NSDAP-Mitgliedern wurde generell ein überdurchschnittliches Engagement gefordert und allem Anschein nach auch größtenteils erbracht. Beispielhaft beschrieb der Isenhagener Chronist die Tätigkeit der SA während des Reichstagswahlkampfes im Sommer 1932: „Ein Tageslauf eines unserer jungen SA-Männer sah damals so aus: Von Sonnenaufgang im Moore Torf stechen, gegen Abend nach Hause, säubern, essen, Uniform anziehen, um 8 Uhr antreten zum üben für die Sonnenwendfeier, um 9 Uhr Abfahrt auf dem Rade nach Zasenbeck zum Saalschutz, nachts um 1,30 Uhr wieder zu Hause, nach ein paar Stunden Schlaf ein neuer Tag mit neuer Arbeit und neuem Dienst. Und alles geschah ja freiwillig (...)."[48]

---

[46] KA Gf Bibl 10 033, a.a.O., S. 12, auch im Folgenden.
[47] Ebenda, S. 16.
[48] Ebenda, S. 36.

Die Nationalsozialisten betrieben insbesondere im ländlichen Raum eine sehr aktive Mitgliederwerbung. Sämtliche Parteigenossen in den einzelnen Orten waren gehalten, ständig nach möglichen Kandidaten Ausschau zu halten. Sie wurden dabei von professionellen Werbern, welche die Gauleitung aussandte, unterstützt. Letztere organisierten bei Bedarf Vorträge oder Filmabende, um weitere Anhänger zu gewinnen. Waren in einem Dorf genügend NSDAP-Mitglieder vorhanden, wurde eine Ortsgruppe mit einem vom Gau ernannten Leiter gegründet.[49] Ob geeignete Multiplikatoren für die Partei gewonnen werden konnten, hing allerdings letztendlich von den Gegebenheiten vor Ort, also bis zu einem gewissen Grad vom Zufall ab. Gelang es den Werbern jedoch, einflussreiche Leute zum Parteieintritt zu bewegen, kamen oft viele andere nach, wie die oben erwähnte Gegenüberstellung der Wahlergebnisse in Isenhagen von 1928 und 1930 nahelegt. Wenn etwa, wie damals in Sprakensehl-Masel, die NSDAP-Stimmenzahl von 1 auf 91 anstieg, kann davon ausgegangen werden, dass in diesem Ort umtriebige Aktivisten viele andere mitgezogen hatten. Darüber hinaus kam nach ersten lokalen Erfolgen oft eine Dynamik in Gang, die weitere Fortschritte beinahe automatisch nach sich zog. Ein damaliger professioneller NSDAP-Werber beschrieb das so: „In den Dörfern gab es immer schon ein oder zwei Nationalsozialisten, oft auch mehr. An die wendete man sich und mußte dann erst mal rauskriegen, was kann man hier machen, was ist hier los? Wollen wir mal eine Versammlung hier bei euch machen!

---

[49] Herlemann, B., Der Bauer klebt am Hergebrachten. Bäuerliche Verhaltensweisen unterm Nationalsozialismus auf dem Gebiet des heutigen Landes Niedersachsen, Historische Kommission für Niedersachsen und Bremen (Hrsg.), Hannover 1993, S. 51.

(...) Wenn wir paar mehr waren, stellte ich die Ortsgruppe zusammen, bestimmte den Ortsgruppenführer. (...) So ging´s von Ort zu Ort. Ich war ja nicht allein in der Gegend. Wir waren vier oder fünf Mann. Wenn man zwei benachbarte Dörfer bißchen aktiviert hatte, dann fraß sich das schon allein weiter zum nächsten Dorf. Man brauchte nur nach paar Monaten mal wieder hinkommen, da wußte man, die haben das nächste Dorf jetzt auch schon beim Wickel."[50] Eine derart systematische Werbung betrieb keine andere Partei auf dem Land.

Im Diensttagebuch des Gifhorner Landrats v.Wagenhoff finden sich seit Beginn der 1920er Jahre Notizen über die NSDAP und ihre Vertreter, die im Laufe der Zeit immer zahlreicher wurden.[51] Diese Aufzeichnungen spiegeln nicht nur das wohlwollende Interesse des Schreibers, sondern auch die um 1930 bereits recht weitgehende Durchdringung des Kreises durch den Nationalsozialismus wieder. Auch v.Wagenhoff verweist in diesem Zusammenhang wiederholt auf Einzelpersönlichkeiten, die durch ihre Aktivitäten die Sache der Hitlerpartei vorangebracht hätten, so etwa den Gifhorner Medizinalrat Dr. Kahle oder den Hofbesitzer Fröhlich aus Ahnsen, der schließlich zum Kreisleiter der Gifhorner NSDAP aufstieg. Selbst Geistliche, etwa ein Pastor Voß, betätigten sich als Propagandisten der NSDAP. Solche Honoratioren spielten bei der Verbreitung der NS-Ideologie und dem Anwerben neuer Parteimitglieder eine Schlüsselrolle. In seinen später erstellten Lebenserinnerungen vermerkte v.Wagenhoff über das Reichstagswahljahr 1930: „Auch im Kreise

---

[50] Ebenda.
[51] Zusammenfassend dazu Felleckner, S., Der Gifhorner Landrat Dr. Eugen v.Wagenhoff in neuer Sicht, Gifhorn 2014, S. 21ff, auch im Folgenden.

(Gifhorn, e.A.) entfalteten die Nationalsozialisten eine rege Tätigkeit. Zwei Versammlungen hebe ich besonders hervor (…). In Ahnsen eröffnete sie der Hofbesitzer und spätere Kreisleiter Fröhlich und sprach der Reichstagsabgeordnete und spätere Gauleiter Telschow, und in Fallersleben trat als Redner auf der dort gebürtige (…) Landtagsabgeordnete Kerrl, der später Kultusminister wurde."[52] Zu jenem Kreisleiter Fröhlich hatte der Landrat auch außerdienstlich gute Beziehungen. So hieß es an anderer Stelle über ihn: „Mein erster Kreisleiter, der in Ahnsen eingeheiratete Bauer Fröhlich, kümmerte sich gar nicht um die Kreisangelegenheiten (gemeint ist die Verwaltung, e.A.). (…) Als ich am 15. Dezember 1933 mein 25-jähriges Jubiläum als Landrat (…) auf meinem Gute Dankwitz in Schlesien beging, stellte er sich persönlich als Gratulant ein, was bei der Entfernung wirklich Anerkennung erheischte. (…) Nicht lange darauf wurde er von der Kreisleitung entbunden und Gauinspektor über mehrere Kreise. Wie schon vorher, pflegte er sich in Einzelfällen weiter bei mir Rat zu holen. Seinen Abgang konnte ich daher nur bedauern."[53] Es liegt auf der Hand, dass die Propagandatätigkeit der Nationalsozialisten auf umso fruchtbareren Boden fallen musste, je mehr die kommunalen Verwaltungsspitzen ihrerseits mit dem Nationalsozialismus sympathisierten. In Gifhorn war diese Situation offensichtlich gegeben, in Isenhagen ist eine solche zumindest hinsichtlich des dortigen Landrats

---

[52] KA Gf Bibl 10 119, Lebenserinnerungen des ehemaligen Landrats Dr. Eugen von Wagenhoff, Teil 2 (1908-1934), S. 468.
[53] KA Gf Verw 24/109, Lebenslauf des ehemaligen Gifhorner Landrats Dr. Eugen v.Wagenhoff (1954), S. 14.

Ritzler weniger eindeutig, obwohl auch dieser, wie sein Kollege in Gifhorn, am ersten Mai 1933 der NSDAP beitrat.[54]

Der Isenhagener Chronist deutet gelegentlich an, dass auch in den Reihen der regionalen Ordnungsorgane die Neigung verbreitet war, es mit den regierungsseitig verordneten Maßnahmen gegen die Hitlerpartei nicht allzu genau zu nehmen. Beispielhaft berichtet er von einer Razzia der Polizei im Haus des Kreisleiters Wienecke während der Zeit des SA- und SS-Verbots 1932: „Als die Landjäger durch die Vordertüre ins Haus kamen, verschwand eine am Abend zuvor sorgfältig vorbereitete Kiepe mit vielleicht Anstoß erregendem Material durch die Hintertür. Aus Mitgefühl mit den drei Vertretern der Staatsgewalt über die erlittene Enttäuschung lud dann der Verfolgte die Verfolger zu einem Glase Bier ein, was auch nicht ungern angenommen wurde. –Weshalb auch nicht? –Severing war ja weit, und die Nazi eigentlich nur böse Menschen, wenn es dienstlich befohlen war."[55] Sicher kann diese burlesk anmutende Szene nicht als Norm für das Verhalten der Polizei gegenüber den nationalsozialistischen Aktivisten angenommen werden, doch lässt sie zumindest vermuten, dass in den Reihen der regionalen Ordnungshüter eine gewisse Sympathie für die Sache Hitlers vorhanden war.

---

[54] Gifhorner Kreiskalender 2006, S.33ff (Felleckner, S., Die Vereinigung der Kreise Gifhorn und Isenhagen –ein Landrat kämpft um seinen Kreis). Da Ritzler seinen Posten in Isenhagen verloren hatte, kann in seinem Fall mit einiger Wahrscheinlichkeit von einem Parteibeitritt aus Opportunitätsgründen ausgegangen werden.
[55] KA Gf Bibl 10 033, a.a.O., S. 33. Der SPD-Politiker Carl Severing (1875-1952) war von 1928 bis 1930 Reichsinnenminister und von 1930 bis 1932 preußischer Innenminister.

NS-Propaganda auf dem Land

Obwohl die NSDAP bei der Reichstagswahl im September 1930 in Gifhorn und Isenhagen jeweils außergewöhnlich gute Ergebnisse erzielte, waren die Anhänger Hitlers damals in der Region noch keinesfalls unangefochten oder gar dominierend. Im Vorfeld der Wahl veranstalteten auch andere Parteien gut besuchte Kundgebungen, und auf den Veranstaltungen der Nationalsozialisten kam es hin und wieder auch zu Störungen und Widerspruch.[56] Über eine Versammlung der NSDAP drei Tage vor der Wahl im Gifhorner Hof hieß es in der Allerzeitung etwa, dass diese „mit lebhaften Kundgebungen für und gegen die Sache der Nationalsozialisten" endete.[57] Auf einer kurz darauf stattfindenden Wahlkampfveranstaltung der Christlich-Nationalen Bauernlandvolkspartei in Fallersleben stellte der dortige Redner die NSDAP sogar als ausgesprochen landwirtschaftsfeindlich dar. Speziell wies er darauf hin, dass die Hitlerpartei auf ihrer Wahlliste für Osthannover keinen Landwirt auf den vorderen Plätzen präsentieren könne, weswegen „auch kein Landwirt diese Partei wählen" dürfe.[58] Schließlich verdächtigte der Redner die NSDAP sogar des Zusammengehens mit den Kommunisten, womit „der Bauer als Spielball auf Gnade oder Ungnade dem Staate ausgeliefert" sei. Der Zeitungsbericht vermerkte jedenfalls „lebhaften Beifall" auf die Rede.

---

[56] Allerzeitung vom 12.09.1930, 13.09.1930, 14.09.1930. Verweise auf Veranstaltungen der NSDAP, Christlich-Nationalen Bauern-Landvolkpartei und SPD.
[57] Allerzeitung vom 12.09.1930.
[58] Allerzeitung vom 13.09.1930, auch im Folgenden.

Die politische Auseinandersetzung mit dem Nationalsozialismus und seinen Vertretern vor Ort fand auch über die regionale Presse statt, wobei es hin und wieder recht deutlich zur Sache ging. Einen Höhepunkt in dieser Hinsicht stellte im November 1930 die Gegenüberstellung zweier Texte von sich befehdenden Leserbriefschreibern in der Gifhorner Allerzeitung dar.[59] Der Nationalsozialist ließ sich folgendermaßen vernehmen: „Meines Erachtens ist ein Mensch, der vor Dreck die Tür nicht öffnen kann, sich aber herausnimmt, seinen Mitmenschen zu kritisieren, entweder ein ehrvergessener, schamloser Simpel oder ein Licht unter seinen Genossen." Der SPD-Anhänger konterte entsprechend: „Ich kann es mir lebhaft denken, daß Sie am Ende mit Ihrem Latein sind; denn mehr Dummheit, Verleumdung und Lüge als Sie in Ihrem letzten Artikel aufgebracht haben, kann man selbst von einem Nazi nicht verlangen. Um zu verhindern, daß Sie noch mehr geistige Anleihen bei Ihren Parteigenossen machen müssen, verzichte ich auf eine sachliche Widerlegung Ihrer Schmutzereien." Im Sommer 1931 führten die Auseinandersetzungen um das Volksbegehren zur Auflösung des preußischen Landtages, welches sowohl von den Rechtsparteien wie den Kommunisten unterstützt wurde, zu einer weiteren Aufheizung der öffentlichen Debatte. Kurz vor der Abstimmung äußerte sich in der Allerzeitung ein Anhänger der Republik noch einmal eindringlich in einem Artikel und riet von der Teilnahme an der Abstimmung ab. Sein Aufruf schloss mit den Worten: „Darum fernbleiben dem Volksentscheid!"[60] Die Retourkutsche seitens eines NSDAP-Anhängers ließ nicht lange

---

[59] Allerzeitung vom 26.11.1930, auch im Folgenden.
[60] Allerzeitung vom 07.08.1931. Der Volksentscheid war auf den 09.08.1931 angesetzt. Er scheiterte letztlich, weil sich an der Abstimmung nicht genug Wähler beteiligten (Beteiligung von 39,2 %, 50 % wären notwendig gewesen).

auf sich warten. Dieser erhob den Volksentscheid zu einer Frage des nationalen Überlebens und folgerte daraus grimmig: „Läßt sich ein Volk zwingen, Selbstmord zu begehen, dann erweist es sich als lebensunfähig, dann verdient es, als Volk ausgelöscht zu werden." Dann ging er seinen Leserbriefkontrahenten direkt an: „Bei der Niederschrift dieser Betrachtung nahm ich (…) Kenntnis, daß jener Einsender ein Lehrer ist. (…) Kommentar überflüssig! (…) Leute mit Ihren Ansichten werden (…) verschmachten oder wenigstens erkranken."[61] Als im Frühjahr 1932, während der zweiten Runde der Reichspräsidentenwahlen, ein NSDAP-Vertreter das Wirtschaftsprogramm Hitlers in einem Presseartikel vorgestellt hatte, welches auf die wirtschaftliche Abschottung Deutschlands vom Weltmarkt hinauslief, war die Fallersleber Ortsgruppe der SPD um eine Antwort keinesfalls verlegen, in welcher sie die geistigen Fähigkeiten ihres Gegners recht drastisch anzweifelte: „Wir glauben, der Verfasser hat entweder ein kindliches Gemüt, oder er will uns verdummen!"[62] Diese Beispiele, welche sich mühelos vermehren ließen, mögen als Beleg dafür genügen, dass selbst in ausgesprochenen NSDAP-Hochburgen durchaus Opposition vorhanden war, die sich auch deutlich vernehmen ließ.

Was allerdings Zahl und Umfang von Werbeveranstaltungen anging, übertrafen die Aktivitäten der Nationalsozialisten die der anderen Parteien bei weitem.[63] Auch die steigenden Mitglieder-

---

[61] Allerzeitung vom 09.08.1931.
[62] Allerzeitung vom 08.04.1932.
[63] Siehe entsprechende Berichte in der Allerzeitung für die Jahre 1930, 1931 und 1932. Gutmann, a.a.O., S. 47, nennt allein für das Jahr 1931 insgesamt 53 Ver-

zahlen, die ihren Ausdruck in der Gründung immer neuer Ortsgruppen fanden, hoben naturgemäß das Selbstbewusstsein der NS-Aktivisten in der Region. Die Fähigkeit, Menschen zu mobilisieren und entsprechend große Versammlungen abzuhalten, verschaffte der hiesigen NSDAP einen entscheidenden Vorteil in den zahlreichen Wahlkämpfen und Abstimmungen dieser Zeit. Dies wurde etwa auf einer sehr gut besuchten Veranstaltung der neu gegründeten NSDAP-Ortsgruppe Rötgesbüttel Anfang Dezember 1931 deutlich, auf welcher auch der bereits erwähnte Ernst Lütge sprach. Die wenigen dort anwesenden Gegner der Hitlerpartei gingen in der Masse der Anhänger unter, über die einzige oppositionelle Aktion war in der Presse zu lesen: „Ein gegnerischer Zwischenrufer mußte sich eine Zurechtsetzung gefallen lassen, so daß er auf weiteres Wirken verzichtete." Der vortragende Parteiredner wurde dagegen „mit Beifall überschüttet".[64] Bezeichnend war die darauf folgende Erklärung des Versammlungsleiters, der verkündete, „daß eine Aussprache nicht stattfinde, weil man den Gegnern, die selber keine Versammlungen mehr zustande brächten, keine Gelegenheit geben wolle, ihre Meinung in den vollen Sälen der NSDAP-Versammlungen zu vertreten".

Obwohl die allgemeine Kirchenfeindlichkeit der NSDAP bekannt war, fanden sich auch Geistliche, die bereit waren, ihre amtliche Autorität in den Dienst der Hitlerpartei zu stellen. Einer davon war der bereits erwähnte Pastor Voß aus Büttel, der mehrfach

---

anstaltungen der NSDAP im Kreis Gifhorn, neben zweien der Deutsch-Hannoveraner, und je einer von SPD, KPD, DNVP und Stahlhelm. 1932 hielt die NSDAP im Kreis Gifhorn sogar 80 Veranstaltungen ab.
[64] Allerzeitung vom 07.12.1931, auch im Folgenden.

bei Veranstaltungen der Nationalsozialisten in der Region Gifhorn-Isenhagen zugegen war. Ende April 1932, kurz vor der Wahl zum preußischen Landtag, war er der Hauptredner auf einer Kundgebung der Gifhorner Ortsgruppe der NSDAP.[65] Er beschrieb den Nationalsozialismus als eine machtvolle Bewegung von Gläubigen und Hitler als ihren Messias. Das aktuelle politische System stellte er als korrupt und degeneriert dar, was in der Aussage mündete, „das Schlimmste von allem sei doch die sittlich-religiöse Not". Den Nationalsozialisten bescheinigte er dagegen ein „positives Christentum", welches sich der Einteilung in Katholiken und Protestanten entziehe. Seine mit einem Lutherwort schließende Rede („Und wenn die Welt voll Teufel wär´, es soll uns doch gelingen!") erntete langanhaltenden Beifall. In Anbetracht der damals insbesondere in ländlichen Gegenden noch weitverbreiteten Volksfrömmigkeit war die Wirkung geistlicher Amtspersonen als Propagandisten nicht zu unterschätzen. Sie trugen dazu bei, der Hitlerpartei eine Aura der Seriosität zu verleihen, die es auch Leuten, die nicht zur typischen NSDAP-Klientel gehörten, möglich machte, diese Partei zu wählen. Bei der Preußenwahl am 24. April 1932 schnitten die Nationalsozialisten im Kreis Gifhorn mit 64,1% der Stimmen jedenfalls sehr gut ab.[66] Auch die Partei selbst nahm vor Ort eine sehr günstige Entwicklung. Im November 1932 konnte Kreisleiter Fröhlich auf einer Amtswaltertagung der Partei verkünden, dass „der Kreis Gifhorn in seinem Mitgliederbestande

---

[65] Allerzeitung vom 22.04.1932. Einleitend hieß es im Artikel, dass jener Pastor Voß „in Gifhorn kein Unbekannter" sei. Siehe auch im Folgenden.
[66] KA Gf Bibl 10 007 / 02, a.a.O., S. 218.

nicht nur im Gau Osthannover, sondern (...) in ganz Deutschland an erster Stelle marschiere".[67]

Wesentlich effektiver als die anderen Parteien vor Ort verstand es die NSDAP auch, populäre Veranstaltungen für ihre Zwecke zu nutzen. Zu einem von der Partei veranstalteten Armeemarsch-Abend Mitte Februar 1932 in Müden erschienen rund 800 Menschen, was für die relativ schwach bevölkerte Region Gifhorn-Isenhagen eine außerordentlich große Besucherzahl bedeutete.[68] Der die Veranstaltung leitende Gifhorner NSDAP-Kreisleiter Fröhlich stimmte das Publikum von Anfang an auf die Parteilinie ein, was ihm allerdings dem Pressebericht zufolge nicht sonderlich schwerfiel. In seiner Rede vermengte er auf die für NS-Propagandisten übliche Art Nationalismus mit Antisemitismus und Antikapitalismus. So sagte er etwa zur bisherigen Politik gegenüber Frankreich: „13 Jahre nach dem Krieg, nach 13 Jahren Verständnispolitik, Humanitätsdusel und Erfüllungsbereitschaft steht Deutschland da, arm wie eine Kirchenmaus, und wartet auf den letzten tödlichen Fußtritt Frankreichs. Briand, der listige Einbalsamierer (...), ist von der Bildfläche verschwunden, und Laval, der Judenbastard, von dem man nie weiß, ob er gewaschen ist oder nicht, besorgt froh und zynisch die Geschäfte der weltkapitalistischen Henkersbrut."[69] Da das Volk, so Fröhlich, längst eine „Hitlerregierung" fordere, wies er den Chef der anwesenden Kapelle entsprechend an: „Darum hämmere uns ein mit aller Kraft, die dir zur Verfügung steht,

---

[67] Ebenda, S. 233. Zahlen nannte Fröhlich in seinem Vortrag leider nicht.
[68] Allerzeitung vom 16.02.1932, auch im Folgenden.
[69] Ebenda. Aristide Briand (1862-1932) und Pierre Laval (1883-1945) waren französische Politiker, zeitweise Premierminister und Außenminister. Laval war übrigens kein Jude und kooperierte nach der Niederlage Frankreichs 1940 sogar mit dem Dritten Reich.

mit deiner Marschmusik den wahren Geist jener Märsche: nämlich Kameradschaft bis zum Aeußersten (...) Disziplin und Treue zu unserem Führer. Diese muß er spüren, dann wird er uns führen siegreich zum Dritten Reich. Heil!" Den daraufhin gespielten Militärmärschen folgte laut Pressebericht „Beifall über Beifall". Abschließend hieß es: „Der Armeemarschabend endete mit dem Horst-Wessel-Liede, stehend mitgesungen von allen Besuchern, die auch freudig einstimmten in das Heil auf unseren Führer." Die mobilisierende Wirkung solcher aus Event und Propaganda gemischten Massenveranstaltungen war nicht zu unterschätzen, zumal damals auf dem Land die Möglichkeit zu Amüsement und Zerstreuung gering war, insbesondere in den tristen Jahren der Weltwirtschaftskrise.

Die Propaganda der NSDAP war grundsätzlich nicht für ein intellektuelles Publikum gemacht, schon gar nicht in ländlichen Gegenden. Insgesamt zielte sie weniger auf den Verstand als das Gefühl. Herlemann fasst das so zusammen: „Nun lag die Stärke der NSDAP wie die Schwerpunkte ihres politischen Wirkens bekanntlich ohnehin weder im Programmatischen noch im Sachlich-Argumentativen; massive Wählerwerbung wurde vielmehr mit demagogischer Agitation, mit hemmungslosen Versprechungen nach allen Seiten betrieben."[70] Das programmatisch Schwammige der nationalsozialistischen Propaganda spiegelt sich gelegentlich auch im Bericht des Isenhagener NSDAP-Chronisten wieder, etwa wenn es über die dortigen Amtswaltertagungen heißt: „Was der Pg. (Parteigenosse, e.A.) links von mir, was jener zur Rechten im bürgerlichen Leben eigentlich war, das blieb sich so furchtbar nebensächlich. Er war

---

[70] Herlemann, a.a.O., S. 44.

mein Pg. und darüber hinaus mein Volksgenosse. Er war ein anständiger Kerl, ein Nazi, er wußte, daß er sich auf mich verlassen konnte, wie ich mich auf ihn. Alles andere war für unser Zusammensein ohne Bedeutung. Arbeiter, Akademiker, Bauer, Handwerker, Beamter –wir waren eins in unserem Blute und in der ihm artgemäßen Geistigkeit, die nicht herabgemindert wurde durch intellektualistische Maßstäbe. Wir wollten Sozialisten sein in letzter Folgerichtigkeit. Volksgemeinschaft wird nicht in der Theorie, sie wird allein in der Praxis."[71] Derartige Äußerungen mögen uns heute fremdartig und abwegig vorkommen, sie haben damals ihre Wirkung nicht verfehlt.

Manchmal trieb die Öffentlichkeitsarbeit der Nationalsozialisten in ihrer derben Volkstümlichkeit auch geradezu kuriose Blüten, wie etwa auf einer Kundgebung der Gifhorner Ortsgruppe der NS-Frauenschaft im Oktober 1932. Dort war von einer „temperamentvollen Rednerin" zu hören, dass die deutsche Frau alles ablehnen müsse, „was man uns an ausländischem Kram, wie franz. Seifen, Parfüms usw. anbiete, ebenso wie sie es ablehnen müsse, durch den Gebrauch von Lippenstift und Schminke ihr Gesicht interessant zu machen".[72] Adolf Hitler wolle dagegen „neue Berufe für die Frauen schaffen (...) in denen sie ihre Fähigkeiten besser verwerten können, wie jetzt als Tippmamsell oder Warenhausverkäuferin". Abschließend analysierte die Vortragende, dass es „der Doofheit der meisten Frauen" zuzuschreiben sei, wenn Hitler noch nicht in der Reichskanzlei säße. Eine Woche später kam dieselbe Rednerin bei einer Veranstal-

---

[71] KA Gf Bibl 10 033, a.a.O., S. 43.
[72] Allerzeitung vom 22.10.1932, auch im Folgenden.

tung der NS-Frauenschafts-Ortsgruppe Fallersleben noch einmal auf das Lippenstiftthema zurück, wobei sie behauptete, dass in Deutschland jährlich sieben Millionen Reichsmark für „ausländische Lippenstifte" ausgegeben würden.[73] Die dafür verantwortlichen Frauen, so forderte sie weiter, „müßten auf 1 Monat ins Gefängnis gesteckt werden".

Die Durchdringung der landwirtschaftlichen Organisationen

Die Nationalsozialisten errangen ihre Erfolge in der osthannoverschen Provinz allerdings nicht nur mit chauvinistischen und völkisch-sentimentalen Parolen, sondern auch durch systematische Infiltrationsarbeit innerhalb der traditionellen landwirtschaftlichen Vereinigungen, welche auf allen gesellschaftlichen Ebenen über großen Einfluss verfügten. Der von der NSDAP speziell dafür eingesetzte „Agrarpolitische Berater" Darré schleuste seine Gefolgsleute sehr geschickt in die entsprechenden Gremien ein, wo sie die Vertreter der traditionellen Parteien, in der Region Gifhorn-Isenhagen vor allem der Deutsch-Hannoveraner, nach und nach verdrängten, um diese Verbände und Bünde schließlich zu Agitationsplattformen der Hitlerpartei zu machen.[74] Herlemann zufolge fiel die Propaganda der Nati-

---

[73] Allerzeitung vom 25.10.1932, auch im Folgenden.
[74] Herlemann, a.a.O., S. 46ff.

onalsozialisten im ländlichen Niedersachsen aufgrund bestimmter Bedingungen auf besonders fruchtbaren Boden: „So wurde der Landbund schon vor der (…) Gleichschaltung von 1933 zu einem Instrument des Nationalsozialismus. Die Eroberungstaktik Darrés hatte sich voll und ganz bewährt, verdankte ihre außerordentlichen Erfolge jedoch unverkennbar einer Prädisposition der bäuerlichen Basis, die von ihren traditionellen Interessenvertretungen enttäuscht, dem Weimarer Staat mehrheitlich nie sonderlich geneigt, wirtschaftlich verunsichert, politisch desorientiert, der entschlossen auftretenden neuen Kraft in hellen Scharen zulief und als Schubkraft genutzt wurde. Die ländlichen Agitationsredner wurden nicht müde, den Nationalsozialismus als Freiheitsbewegung zu präsentieren, die Rettung der deutschen Landwirtschaft und eine Hebung des Ansehens des Bauernstandes zu versprechen, das Idealbild einer Volksgemeinschaft zu malen, in der der Landarbeiter wie der Großbauer gleiches Ansehen genießen werde."[75] Stegmann weist darüber hinaus darauf hin, dass die Gebiete mit den größten Wahlerfolgen der NSDAP auffällig mit den vormaligen „welfischen" Hochburgen übereinstimmten.[76]

Beispielhaft für die Durchdringung der landwirtschaftlichen Organisationen und Körperschaften durch die NSDAP war der Wahlkampf zur Hannoverschen Landwirtschaftskammer im Januar 1932. Im Kreis Gifhorn stellte die Hitlerpartei dafür erstmals eigene Listen auf. Am 31. Dezember 1931 erschien in der Allerzeitung unter der Titelzeile „Achtung! Nationalsozialisten!"

---

[75] Ebenda, S. 49.
[76] Stegmann, a.a.O., S. 53ff.

ein Aufruf des Gifhorner Spitzenkandidaten der NSDAP, in welchem dieser der bisherigen Führung der Landwirtschaftskammer Verschwendung, Ineffizienz und Verrat an der Landwirtschaft vorwarf. Sein thematisch eher oberflächlich gehaltener Aufruf gipfelte in den Worten; „Kampf allen Feinden der deutschen Scholle zum Nutzen des ganzen Volkes!"[77] Unterschrieben war die Anzeige sowohl vom NSDAP-Gauleiter für Ost-Hannover, Telschow, sowie von dessen Stellvertreter Weidenhöfer, der speziell darauf hinwies, Mitglied im Vorstand des hannoverschen Landbundes zu sein. Auf derselben Zeitungsseite erschien auch der Aufruf eines Gegenkandidaten von der Hannoverschen Bauernschaft, welcher insbesondere auf die Belange der Klein- und Mittelbetriebe in der Landwirtschaft hinwies. Diese seien bislang von der Landwirtschaftskammer ignoriert worden, weil in ihren Gremien fast nur Vertreter der Großbetriebe säßen.[78] In diesem Zusammenhang wies er darauf hin, dass auch der hiesige Kandidat der NSDAP mit 270 Morgen Land ein Vertreter der Großbetriebe sei. Die Antwort des NSDAP-Kandidaten erfolgte in Form einer neuerlichen Anzeige unter der Überschrift „Bauern, Kleinbauern und Pächter!" am Tag vor der Wahl.[79] Darin wurde die Hannoversche Bauernschaft als „marxistisch" und sozialdemokratisch unterwandert beschrieben. Im Gifhorner Kreistag habe deren Kandidat „regelmäßig mit den Abgeordneten der Linken gegen alle landwirtschaftlichen Anträge, insbesondere auch gegen die von den Landwirten beantragte Steuerherabsetzung" gestimmt. Des Weiteren kenne der Kandidat der Hannoverschen Bauernschaft

---

[77] Allerzeitung vom 31.12.1931, auch im Folgenden.
[78] Ebenda, auch im Folgenden.
[79] Allerzeitung vom 02.01.1932, auch im Folgenden.

„die Interessen der kleinen Landwirte so wenig, daß er in Gifhorn auf einer Versammlung erklärte, an hohen Schweinepreisen hätten die Landwirte kein Interesse". Die Propaganda der NSDAP verfing allem Anschein nach, denn auf die Liste die Nationalsozialisten entfielen bei der Wahl am 3. Januar 1932 im Kreis Gifhorn 72,8% der Stimmen.[80] In der gesamten Provinz Hannover erreichten die Nationalsozialisten so gute Ergebnisse, dass sie von 36 neu zu besetzenden Sitzen in der Vollversammlung der Hannoverschen Landwirtschaftskammer 26 eroberten.[81]

Politisch fruchtbarer Boden

Die Propaganda der Nationalsozialisten war auch deswegen so erfolgreich, weil sie sich zahlreiche in der Bevölkerung bereits seit langem vorhandene Vorstellungen und Vorurteile zunutze machte. Sozialdarwinistische Denkschemata, nach denen sich der Starke im Kampf ums Überleben immer gegen den Schwachen durchsetzt, Führerglaube und Antisemitismus waren beileibe nicht auf die Anhängerschaft Hitlers beschränkt. Ein Beispiel dafür, dass auch in politisch gemäßigteren Kreisen ähnliche Anschauungen existierten, lieferte die Verfassungsfeier im Kreistagssaal des Gifhorner Schlosses am 11. August

---

[80] Allerzeitung vom 05.01.1932.
[81] https://de.wikipedia.org/wiki/Landwirtschaftskammer_Hannover#Eingliederung_in_den_Reichsn%C3%A4hrstand

1931. Dort bedachte das Publikum die Festrede von Medizinalrat Dr. Schneller, in welcher er ausführlich über die Notwendigkeit der „Rassenhygiene" referierte, mit großem Beifall.[82] Seine pathosschweren Schlussworte hätten auch von einem Nationalsozialisten gesprochen werden können: „In unser aller Herzen aber brennt ein Wunsch, daß uns abermals ein Mann erstehen möge, der mit klarem Blick die Aufgaben unserer Zeit erfaßt und meistert, der (…) nur eins kennt: Deutschland, Deutschland über alles, und der uns herausführt aus der Not der Gegenwart einer besseren Zukunft entgegen (…)." Wohlgemerkt, fielen diese Worte auf einer „republikanischen" Veranstaltung.

Die von Herlemann beschriebene „Prädisposition der bäuerlichen Basis" zugunsten des Nationalsozialismus zeigte sich bei entsprechenden Gelegenheiten in der Region Gifhorn-Isenhagen recht deutlich, wie etwa der Pressebericht von einer NSDAP-Versammlung in Grußendorf im Januar 1932 belegt.[83] Es war die erste Kundgebung dieser Art in jenem Ort, und der Hauptredner Ernst Lütge bewies dabei sein großes rednerisches Geschick. Der Gasthofsaal war mit über 200 Personen „überfüllt", wobei auch „KPD-Leute" von außerhalb anwesend waren, die sich schon bald lautstark bemerkbar machten. Dem Bericht zufolge wusste Lütge diese Störungen jedoch für sich zu nutzen: „In eindrucksvoller Weise ging der Redner auf sämtliche Zwischenrufe ein und widerlegte sie glänzend." Das Publikum dankte ihm mit „brausendem Beifall". Einem Kommunisten

---

[82] Allerzeitung vom 12.08.1931, auch im Folgenden. Bei der „Rassenhygiene", auch Eugenik genannt, ging es im Kern um die Förderung von erwünschtem und die Verhinderung von unerwünschtem Nachwuchs, wodurch das gesamte Volk schließlich genetisch immer hochwertiger werden sollte. Siehe dazu u.a. https://de.wikipedia.org/wiki/Eugenik.
[83] Allerzeitung vom 22.01.1932, auch im Folgenden.

wurde sogar das Wort erteilt: „Ihm wurden 20 Minuten Redezeit gewährt, aber bereits nach vier Minuten war er mit seinem Latein am Ende (…)." Dies gab dem Redner dann die Gelegenheit zu einer „Schlußabrechnung", nach der aus dem Publikum der vielstimmige Wunsch vorgetragen wurde, „daß er in Bälde wiederkomme, um das Programm der NSDAP zu erläutern". Der Bericht endet: „Nach einigen Kampfliedern der SA wurde die Versammlung mit einem Heil auf Adolf Hitler geschlossen." Der Verlauf dieser Versammlung zeigt beispielhaft, dass die Werbeveranstaltungen der Nationalsozialisten in der Region Gifhorn-Isenhagen zu dieser Zeit bereits häufig politische „Heimspiele" waren und den Rednern selbst oppositionelle Stimmen kaum noch schaden konnten, weil das Publikum in seiner großen Mehrheit gar nicht mehr von der Linie der NSDAP überzeugt werden musste. Der Bericht zeigt aber auch, dass dieser Erfolg ohne geeignete Protagonisten vor Ort nicht möglich gewesen wäre. Agitatoren wie jener Ernst Lütge waren im Laufe der Jahre 1931 und 1932 zu regionalen Starrednern avanciert, was ihnen bei ihren Auftritten ein entsprechend „prädisponiertes" Publikum verschaffte. Die Verknüpfung von Event und politischer Botschaft entfaltete dabei eine Wirksamkeit, von der die Vertreter der anderen Parteien nur träumen konnten. Ein NSDAP-Redner brachte es auf einer Kundgebung in Meine Ende Oktober 1932 auf den Punkt, indem er sagte: „Wir sind hier im Kreise Gifhorn schon verwöhnt worden. Schon viele erstklassige Redner haben die Ziele des Nationalsozialismus dem Volke eingeimpft, und darum hat die Bevölkerung immer, wenn sie gerufen wurde, ihre Zugehörigkeit zum Nationalsozialismus bewiesen."[84] Im Pressebericht wurde ausdrücklich darauf

---

[84] Allerzeitung vom 27.10.1932, auch im Folgenden.

hingewiesen, dass die Veranstaltung trotz sehr ungünstiger Witterung „buchstäblich überfüllt" gewesen sei.

Die nationalsozialistische Propaganda leuchtete offenbar auch deswegen vielen Zeitgenossen ein, weil sie scheinbar alles Unglück der Gegenwart schlüssig erklären konnte. Speziell der Verweis auf den angeblich zersetzenden Einfluss des „jüdischen Weltkapitals" zog sich durch die gesamte Agitation der Hitlerpartei. Obwohl sicherlich kaum einer der damaligen Einwohner der Region Gifhorn-Isenhagen jemals einen Juden zu Gesicht bekommen hatte, fiel die antisemitische Propaganda auf fruchtbaren Boden, wie etwa der Vortrag eines NSDAP-Redners in Gifhorn am 19. Februar 1932, also kurz vor der im März stattfindenden Reichspräsidentenwahl, bewies.[85] Dieser von der Gauleitung entsandte „Fachreferent" ging in seiner Rede insbesondere auf die zu erwartenden wirtschaftspolitischen Maßnahmen einer nationalsozialistischen Regierung ein. Einleitend behauptete er, dass bereits zu Zeiten Bismarcks, welcher angeblich „vom jüdischen Kapital Hilfe brauchte", der Einfluss der Juden in Deutschland übermächtig geworden sei. Als Ausweg aus der aktuellen Wirtschaftskrise propagierte der Redner die Abschottung Deutschlands vom „jüdischen" Weltmarkt, weitgehende wirtschaftliche Autarkie, die Einführung einer Binnenwährung und Schaffung von „Siedlungsstellen in Größe von 30-40 Morgen (...), auf denen eine Familie auch tatsächlich leben könne". Auch ein Arbeitsdienst sowie die Wiedereinführung der Wehrpflicht standen auf der Agenda des Vortragenden. Beim Thema Korruption, einem Lieblingssujet der NS-Werberedner, kam auch wieder die rhetorische Volkstümlichkeit zum

---

[85] Allerzeitung vom 20.02.1932, auch im Folgenden.

Zuge. Fälle dieser Art würden „als Abschreckungsmittel am Laternenpfahl erledigt werden". Gegen Ende vermeldete der Pressebericht, dass sich trotz „zahlreicher Zwischenrufe während der Rede" niemand danach zur Aussprache gemeldet habe. Inhaltlich, so schien es, hatten die Gegner der NSDAP nichts mehr vorzuweisen.

Mit einer Mischung aus Volkstümlichkeit und Rücksichtslosigkeit gelang es den Nationalsozialisten wesentlich besser als den anderen politischen Parteien, von dem in weiten Teilen der Bevölkerung vorhandenen Wunsch nach radikalen Lösungen für die drängenden Probleme des Alltags zu profitieren, welche sie gleichzeitig als Folge einer sittlich-ethischen Degeneration darstellten. In diese Kerbe hieben sie immer wieder, wobei mit Vorliebe Beispiele aus der landwirtschaftlichen Praxis als Abhilfe bemüht wurden. So führte etwa auf einer Kundgebung in Ahnsen Mitte Juli 1932 der Hauptredner Pastor Hahn aus: „Die Schnitter bei der Ernte, die das Unkraut von dem guten Samen trennen, können wir mit uns Nationalsozialisten vergleichen; denn wir werden auch am Tage der Vergeltung das Unkraut bei den anderen Parteien ausrotten."[86] Das Thema der Rache nahm in seiner Rede großen Raum ein, was das Publikum offensichtlich goutierte. Selbst der –an sich blasphemische- Ausruf: „Hitler ist unser von Gott gesandter Führer", erntete Beifall, ebenso wie die im alttestamentarischen Predigtstil ausgestoßene Drohung: „Ich aber sage euch, (…) es wird der Tag kommen, wo wir die Lügner zur Rechenschaft ziehen werden und dann – wehe ihnen!"

---

[86] Allerzeitung vom 15.07.1932, auch im Folgenden. Pastor Hahn war auch Mitglied des preußischen Landtages.

Auch das auf dem Land seit je her verbreitete Vorurteil des mehr oder weniger verdorbenen Städters machten sich die Nationalsozialisten bei ihren Wahlkampfauftritten abseits der urbanen Zentren nach Kräften zunutze. Im Vorfeld der Reichstagswahl vom 31. Juli 1932 bediente sich auf einer NSDAP-Versammlung in Meinersen der Redner mit Nachdruck jenes Ressentiments. So forderte er etwa allen Ernstes, die deutschen Börsen zu schließen, „damit sich der Börsenmensch nicht auf Kosten anderer gesund machen" könne.[87] Auch für die sittliche Genesung des angeblich degenerierten deutschen Volkes hatte er bereits das Rezept parat: „Musik, Theater, Rundfunk und Kino sollen wieder rein von Schmutz und Schund werden. Deutsche Volkslieder wollen wir wieder singen, nach einem deutschen Walzer tanzen. Die ohrenbetäubende und trommelfellzerreißende Jazzmusik hört auf." Das begeisterte Publikum antwortete mit trommelfellzerreißenden Heilrufen.

Ein weiteres sehr erfolgreiches Propagandamittel der Nationalsozialisten bei ihren Kundgebungen in landwirtschaftlich geprägten Regionen war die Beschwörung einer angeblichen „marxistischen" oder „bolschewistischen" Gefahr, welche unwillkürlich Enteignung und Kollektivierung nach sowjetischem Muster nach sich ziehen würde. Ganz in diesem Sinn hatte auch jener Pastor Hahn auf der bereits erwähnten Veranstaltung in Ahnsen ausgerufen: „Es gibt nur zwei Parteienfronten, die sich gegenüberstehen, und das ist der Nationalsozialismus auf der einen Seite und der Bolschewismus auf der anderen."[88] Der Aufruf des Gifhorner NSDAP-Kreisleiters Fröhlich am Tag vor der

---

[87] Allerzeitung vom 18.07.1932, auch im Folgenden.
[88] Allerzeitung vom 15.07.1932.

Juli-Reichstagswahl 1932 zielte in dieselbe Richtung: „Der Kampf, den wir seit Jahren gegen den Bolschewismus führen, der Aufstieg zu einer Millionenbewegung sind die einzigsten Faktoren, denen du deutscher Bauer es zu verdanken hast, daß deine Scholle noch nicht in der kommunistischen Kollektivwirtschaft untergegangen ist."[89] Tatsächlich war auch die Stimmenzahl der Kommunisten bei den Reichstagswahlen seit 1930 kontinuierlich angestiegen, wenngleich sie das Niveau der NSDAP nicht annähernd erreichten.[90] Da sie aber, im Gegensatz zu den Nationalsozialisten, ihre Hochburgen im großstädtischen Milieu hatten, konnten die Redner der Hitlerpartei bei ihrer Propagandatätigkeit auf dem Land neben der dort verbreiteten Abneigung gegen die Kommunisten auch das notorische Ressentiment gegen die Städter nutzen.

Die besseren politischen Taktiker

Es war eine sehr geschickte Vorgehensweise der Nationalsozialisten, auf ihren Veranstaltungen im Regelfall auch anwesenden Gegnern die Gelegenheit zur Rede zu bieten, so auch auf einer anderen Versammlung im Vorfeld der Reichspräsidentenwahl

---

[89] Allerzeitung vom 30.07.1932.
[90] https://de.wikipedia.org/wiki/Reichstagswahl_1930 , https://de.wikipedia.org/wiki/Reichstagswahl_Juli_1932 , https://de.wikipedia.org/wiki/Reichstagswahl_November_1932

Ende Februar 1932 in Grußendorf.[91] Diese war laut Pressebericht „stark von Kommunisten besucht, die häufige Zwischenrufe machten". Dem Anführer der Störer, einem Herrn Kleine aus Braunschweig, wurden 20 Minuten Redezeit zugestanden. Diese nutzte dieser, um „verschiedene Punkte des kommunistischen Programms" vorzutragen und den „Führer der nationalsozialistischen Bewegung in schwerster Weise an(zugreifen, e.A.)". Der Veranstaltungsleiter verwies daraufhin auf die zu erwartenden „Zustände" in Deutschland, sollte der Kandidat der Kommunisten, Thälmann, Reichspräsident werden. Nach dem Absingen des „Horst-Wessel-Liedes" durch die anwesenden Hitleranhänger verschärfte sich die Stimmung derart, dass „die Reibereien zu Beginn der Versammlung ernstlicher Art zu werden drohten". Die anwesenden Landjäger verhinderten jedoch, dass es zu Handgreiflichkeiten kam. Möglicherweise verfügten die Nationalsozialisten in Grußendorf damals noch nicht über einen ausreichenden eigenen Saalschutz. Hinsichtlich kommunistischer Besucher von NSDAP-Veranstaltungen wurde in der Berichterstattung fast durchgehend darauf hingewiesen, dass diese von außerhalb des Landkreises stammen würden.

Sich auf Kundgebungen und Veranstaltungen nicht nur an die eigenen Anhänger, sondern insbesondere die politischen Gegner zu richten, war bewusste Taktik der Nationalsozialisten. Hitler selbst hatte dies schon früh zur Direktive gemacht. In seinem Buch „Mein Kampf" verwies er dazu beispielhaft auf seine ersten großen Erfolge als Parteiredner in München: „Fast immer war es so, daß ich in diesen Jahren vor eine Versammlung von Menschen trat, die an das Gegenteilige von dem glaubten, was

---

[91] Allerzeitung vom 24.02.1932, auch im Folgenden.

ich sagen wollte, und das Gegenteil von dem wollten, was ich glaubte. Dann war es die Aufgabe von zwei Stunden, zwei- bis dreitausend Menschen aus ihrer bisherigen Überzeugung herauszuheben, Schlag um Schlag das Fundament ihrer bisherigen Einsichten zu zertrümmern und sie schließlich hinüberzuleiten auf den Boden unserer Überzeugung und unserer Weltanschauung."[92] Entsprechend verächtlich urteilte er über das Gebaren seiner Konkurrenten aus dem bürgerlichen und nationalen Lager: „Wenn aber ein sogenannter nationaler Politiker irgendwo einen Vortrag in dieser Richtung hielt, dann nur vor Kreisen, die selbst schon meist seiner Überzeugung waren, und bei denen das Vorgebrachte höchstens eine Bestärkung der eigenen Gesinnung darstellte. Darauf aber kam es damals nicht an, sondern ausschließlich darauf, diejenigen Menschen durch Aufklärung und Propaganda zu gewinnen, die bisher ihrer Erziehung und Einsicht nach auf gegnerischem Boden standen."[93] Die Werberedner der NSDAP in der Region Gifhorn-Isenhagen eiferten ihrem „Führer" ganz offensichtlich mit großem Erfolg nach.

---

[92] Hitler, A., Mein Kampf, a.a.O., S. 556, in: http://www.dedokwerker.nl/copy/mein_kampf_de.pdf (die in den Anmerkungen zum Text angegebenen Seitenzahlen beziehen sich nicht auf die ursprünglichen Buchseiten, sondern entsprechen denen der digital wiedergegeben Quelle)
[93] Ebenda, S. 558.

Die Auflösung des Kreises Isenhagen

In Isenhagen kam den Nationalsozialisten ein weiterer Umstand zu Hilfe. Seit 1930 waren im Rahmen der Erörterungen über eine Kreisreform in Preußen Gerüchte über eine mögliche Auflösung des Kreises Isenhagen im Umlauf, die sich in der Folge mehr und mehr erhärteten.[94] Der Widerstand der betroffenen Bevölkerung gegen diese Pläne war von Anfang an sehr groß und verstärkte die ohnehin bestehende Abneigung gegen die Republik und die damals SPD-geführte preußische Regierung.[95] Bereits Mitte Dezember 1931 waren in einer republikfreundlichen Hannoveraner Zeitung über die wahrscheinlichen Folgen einer Kreisreform warnende Worte zu lesen: „Wenn in einer politisch so bewegten und verworrenen Zeit, wie wir sie jetzt durchleben, so tiefeinschneidende Maßnahmen getroffen werden, wie es die Beseitigung von 40 bis 50 Landratsämtern in Preußen bedeutet, dann wird dadurch ein sehr großer Teil der Bevölkerung erneut stärksten politischen Erschütterungen ausgesetzt, was einen vermehrten Zustrom der Wähler in die überradikalen Parteien von links und rechts zur natürlichen Folge

---

[94] Gifhorner Kreiskalender 2006, a.a.O., S. 33ff, auch im Folgenden. Die Maßnahme war Teil einer umfassenden preußischen Kreisreform, bei der rund 60 kleine Landkreise aufgelöst und die jeweiligen Gebiete größeren Nachbarkreisen angeschlossen wurden.
[95] Tatsächlich wurde die preußische Regierung unter dem SPD-Politiker Otto Braun am 20.07.1932 vom damaligen Reichskanzler v.Papen abgesetzt („Preußenschlag"). Die Auflösung des Kreises Isenhagen sowie dessen Anschluss an Gifhorn am 01.10.1932 wurde also de facto durch v.Papen in Kraft gesetzt, der vom Reichspräsidenten zum „Reichskommissar" für Preußen ernannt worden war.

hat. Die derzeitige Regierung und die Regierungsparteien haben keine Ursache, durch übereilte Maßnahmen den staatsfeindlichen Parteien Wasser auf ihre Mühlen zu treiben."[96]

Die Redner der Isenhagener NSDAP nahmen diese Stimmung entsprechend dankbar auf und stellten ihre Partei als einzige Verteidigerin der Existenz des Kreises hin, ohne jedoch dessen Auflösung und den Anschluss des Gebiets an den südlichen Nachbarn Gifhorn am ersten Oktober 1932 verhindern zu können. Der NS-Chronist schrieb dazu: „Eine nicht unwichtige Rolle im Wahlkampf spielte die drohende Auflösung des Kreises Isenhagen. Die NSDAP wandte sich gegen sie, bis es nicht mehr ging."[97] Auch im Vorfeld der Reichstagswahlen im November 1932 blieb die Angliederung ein wichtiges Wahlkampfthema, zumal der Anschluss des nördlichen Gebiets auch im alten Kreis Gifhorn nicht populär war. Man befürchtete angesichts der eindeutigen Haltung der Isenhagener Bevölkerung zahlreiche Schwierigkeiten beim Zusammenwachsen der beiden Kreise. Auf einer großen NSDAP-Kundgebung im Oktober in Gifhorn kam es dann auch unter großem Beifall zu einer scharfen Verurteilung der Kreisreform.[98]

Hinsichtlich der Zusammenführung des Gifhorner und Isenhagener Gebiets zu einer neuen kommunalen Einheit hatte ausgerechnet der Gifhorner Landrat v.Wagenhoff aus Sicht der Regierung eine wenig hilfreiche Rolle gespielt. Seine Aufgabe wäre es gewesen, die Einwohner beider Kreise mit den staatlichen

---

[96] KA Gf Verw 48/232, Ausschnitt aus der Zeitung „Volkswille" vom 15.12.1931.
[97] KA Gf Bibl 10 033, a.a.O., S. 38.
[98] KA Gf Bibl 10 007 / 02, a.a.O., S. 231.

Maßnahmen zu versöhnen, doch bewirkte er durch sein Verhalten eher das Gegenteil. Bereits kurz nach der Angliederung des Isenhagener Gebiets an den Kreis Gifhorn sprach er sich auf einer Gemeindevorsteherversammlung offen ablehnend gegenüber der Kreisreform im Ganzen und der Zusammenlegung Gifhorns mit Isenhagen im Speziellen aus.[99] Diese Haltung bestärkte die Vertreter des nördlichen Anschlussgebiets in ihrer Hoffnung auf eine Wiederherstellung ihrer Kommune. Tatsächlich sollte sich in Wittingen bereits im Januar 1933 ein „Arbeitsausschuss gegen die Kreisauflösung" bilden, welcher in der Folge entsprechend agitierte. Daneben schürten noch andere Akteure die Sezessionsstimmung im ehemaligen Kreis Isenhagen. Da der Landrat gegen diese Bestrebungen nicht nennenswert einschritt, zog sich die Kampagne noch über Jahre hin. Nachdem es 1936 im Isenhagener Gebiet sogar zu einem anonymen Boykottaufruf für die jährliche Kreistierschau gekommen war, wurde v.Wagenhoff schließlich von der Regierung recht undiplomatisch an seine Pflichten erinnert und ihm konkret auferlegt, „den Quertreibern das Handwerk zu legen".[100]

Die starke Abneigung der Isenhagener Bevölkerung gegen die Kreisauflösung und den Anschluss an Gifhorn konnte von den Nationalsozialisten in den Wahlkämpfen des Jahres 1932 offensichtlich ausgenutzt werden, jedenfalls sprächen die Wahlergebnisse dafür. Erhielt die Hitlerpartei bei der Reichstagswahl im Juli im Kreis Gifhorn bereits 67,3% der Stimmen, so waren

---

[99] Felleckner, Der Gifhorner Landrat Dr. Eugen v.Wagenhoff in neuer Sicht, a.a.O., S. 55ff, auch im Folgenden.
[100] Ebenda, S. 58.

es beim nördlichen Nachbarn sogar 72,6%.[101] Gegenüber dem Ergebnis im Reich von 37,3% waren dies außergewöhnlich hohe Ergebnisse, und selbst gegenüber dem überdurchschnittlich guten Abschneiden der NSDAP in der gesamten Provinz Hannover mit 45,2% stachen diese Werte noch deutlich hervor.[102] Auch bei der zweiten Reichstagswahl des Jahres im November profitierte die NSDAP in der Region Gifhorn-Isenhagen möglicherweise noch von diesem Effekt. Obwohl die Hitlerpartei dabei erstmals seit 1930 wieder Verluste erlitt und reichsweit auf 33,1% sowie in der Provinz Hannover auf 39,7% abfiel, erhielt sie im ehemaligen Kreis Isenhagen immerhin noch 65,4% der Stimmen, gegenüber 60,6% im alten Gifhorner Gebiet.[103] Als die Nationalsozialisten 1933 schließlich die Regierungsgewalt im Reich übernahmen, sollte es allerdings, wie oben bereits erwähnt, nicht zu einer Wiederherstellung des Kreises Isenhagen kommen.

Die Wahrnehmung in der lokalen Presse

Die wiederholte Behauptung des Isenhagener NSDAP-Chronisten, die etablierte Presse habe den Nationalsozialisten generell ablehnend, wenn nicht sogar feindselig gegenübergestanden,

---

[101] KA Gf Bibl 10 007 / 02, a.a.O., S. 225, 239, Gutmann, a.a.O., S. 51, Felleckner, S., Spaziergang durch die Geschichte. Der Landkreis Gifhorn in Bildern, Gifhorn 2021, S. 69.
[102] https://www.wahlen-in-deutschland.de/wuuphannover.htm
[103] KA Gf Bibl 10 007 / 02, a.a.O., S. 232 sowie https://www.wahlen-in-deutschland.de/wuuphannover.htm

kann zumindest ab der Reichstagswahl vom September 1930 nicht mehr durchgehend festgestellt werden. So kommentierte etwa die Allerzeitung jene Wahl mit der eher anerkennenden Leitartikel-Überschrift „Die Lawine der Nationalsozialisten".[104] Im Text war neben der Erwähnung des „nicht unerheblichen" Anwachsens der Kommunisten von einem „majestätischen Aufschwung" der Hitlerpartei die Rede. Weiter hieß es: „Da diese beiden äußersten Flügelparteien letzten Endes das ganze parlamentarische System verwerfen, so kann man in ihrem Erfolge sehr wohl auch die wachsende Parlamentsverdrossenheit des deutschen Volkes erkennen, das weniger Reden hören und mehr energische Taten sehen will (...)."[105] Das klang jedenfalls nicht feindselig.

Auch das Isenhagener Kreisblatt äußerte am 15. September 1930 unter der Titelzeile „Die große Wahlüberraschung" angesichts des Erfolgs der NSDAP Verständnis für die Wähler dieser Partei. „Die allgemein gefühlsmäßige Unzufriedenheit mit der wirtschaftlichen Entwicklung der letzten Zeit, die starke Verstimmung gegen die vielfach so unfruchtbare parlamentarische Arbeit der letzten Jahre" wurden als legitime Gründe für die Wahlentscheidung bezeichnet.[106] Noch am Tag vor der Wahl fand sich im Isenhagener Kreisblatt eine Anzeige mit dem schlichten Text „Landbundmitglieder wählen nur Liste 10".[107] Ein anderer Artikel von jenem Tag über eine Wahlveranstaltung der Deutsch-Hannoverschen Partei in Schweimke illustrierte,

---

[104] Allerzeitung vom 16.09.1930, S. 1, auch im Folgenden.
[105] Ebenda, S. 1.
[106] HWZA, Isenhagener Kreisblatt vom 15.09.1930.
[107] Ebenda, Isenhagener Kreisblatt vom 13.09.1930. Auf dem Listenplatz 10 stand die NSDAP.

dass die Hitlerpartei offensichtlich bereits einen gewissen Rückhalt in der Bevölkerung hatte. Auf der mittelmäßig besuchten Zusammenkunft hatte der Redner nach seinem Vortrag begonnen, die NSDAP und ihre Vertreter zu beschimpfen, was das Publikum offensichtlich nicht goutierte. Der Artikel schloss salomonisch: „Einen allzu großen Beifall erntete der Redner nicht."[108]

In der Folgezeit berichtete die regionale Presse über die Nationalsozialisten zunehmend positiv. Beispielhaft hierfür ist ein Bericht in der Allerzeitung vom 19. Oktober 1931, in dem auf der Titelseite unter der Überschrift „Der Hitlertag in Braunschweig" über eine Massenkundgebung der NSDAP Folgendes zu lesen stand: „Auf Braunschweigs größtem Platze, dem „Franzschen Felde" (…) gelobten gestern weit über 100.000 deutsche Männer ihrem Führer mit flammender Begeisterung die Treue im Kampfe für ein besseres Deutschland, für das „Dritte Reich". Und wer die Begeisterung und die leuchtenden Augen der das Franzsche Feld zu vielen Tausenden umsäumenden Zuschauer gesehen hat, weiß, daß diese Zeit nicht mehr allzu fern, wo das Hakenkreuzbanner die deutsche Reichsflagge ist und ein neuer Aufstieg beginnt. (…) Bis zum späten Nachmittag zogen dann die braunen Kämpfer (…) an ihrem Führer Adolf Hitler auf dem Schloßplatze vorbei. Mit neuem Mut und festerem Glauben, das Sklavenjoch nicht mehr lange tragen zu müssen, machte sich alles auf den Weg der Heimat entgegen."[109] Auch wenn es sich bei diesen Worten teilweise um wiedergegebene Schilderungen eines NSDAP-Anhängers aus dem Papenteich handelte, deutet

---

[108] Ebenda.
[109] Allerzeitung vom 19.10.1931.

deren prominenter Abdruck darauf hin, dass die Redaktion der Allerzeitung damals bereits mit der Hitlerpartei sympathisierte. Kritische Stimmen kamen in dem Beitrag jedenfalls nicht vor, und die Liste ähnlicher Artikel könnte mühelos verlängert werden. Was die für die Region Gifhorn-Isenhagen maßgeblichen Zeitungen, die Allerzeitung und das Isenhagener Kreisblatt angeht, kann insgesamt von einer grundsätzlich ablehnenden oder gar feindseligen Haltung gegenüber der NSDAP nicht gesprochen werden. Vielmehr erfreute sich die Hitlerpartei in den letzten Jahren der Weimarer Republik einer recht wohlwollenden Berichterstattung seitens dieser Blätter.

All dies bedeutet nicht, dass Veranstaltungen und Kundgebungen anderer Parteien in der regionalen Presse nicht mehr vorkamen, doch die diesbezüglichen Berichte ließen bereits ahnen, dass diese Parteien zunehmend die Meinungsführerschaft in der Öffentlichkeit verloren. Bezeichnend dafür ist ein Bericht über eine Versammlung der Deutschnationalen Volkspartei (DNVP) kurz vor der ersten Runde der Reichspräsidentenwahl Ende Februar 1932 in Gifhorn.[110] Der Hauptredner verzettelte sich bei dem Versuch, zu begründen, warum man diesmal nicht Hindenburg, sondern den eigens aufgestellten DNVP-Kandidaten Duesterberg wählen solle. Die ganze Veranstaltung hatte einen pessimistischen Grundton und war offensichtlich nicht geeignet, das Publikum mitzureißen. Auf die Schlussparole „Preußen voran, und Deutschland wird genesen!" vermeldete der Bericht keine Reaktion der Versammelten.

---

[110] Allerzeitung vom 25.02.1932, auch im Folgenden. Die Versammlung fand im Gifhorner Ratskeller statt und war laut Bericht „gut besucht".

Ähnlich verlief eine kurz darauf abgehaltene Versammlung der Deutsch-Hannoverschen Partei, die noch wenige Jahre zuvor eine maßgebliche politische Kraft in der gesamten Provinz Hannover gewesen war.[111] Der von außerhalb angereiste Redner musste eingangs sogar zugeben, dass „die Jugend (…) der hannoverschen Partei ziemlich fremd gegenüber" stehe, weil sie deren traditionelles antipreußisches Ressentiment nicht mehr teile. Als probates Mittel dagegen schlug er allen Ernstes die Heraufsetzung des Wahlalters von 21 auf 25 Jahre vor. Seine Analyse des Verhaltens der jungen Wähler hinderte ihn im Weiteren nicht, hemmungslos über Preußen herzuziehen und dabei auch noch echten historischen Unfug zum Besten zu geben. So sei es etwa „die Hauptaufgabe Bismarcks" gewesen, „dieses reiche Land (Hannover, e.A.) an Preußen zu bringen", weshalb dieser auch „ein starkes Heer geschaffen und die Zündnadelgewehre in Preußen eingeführt" habe etc. Auf die NSDAP kommend, brachte der Redner dagegen nur relativ zahme Kritik vor, indem er laut Pressebericht ausführte, „Hitler könne auch nicht das halten, was er jetzt verspreche". Die Tatsache, dass mittlerweile viele ehemalige Anhänger der Deutsch-Hannoveraner zur NSDAP gewechselt seien, konnte er wiederum nur referieren. Sein schließender Aufruf, bei der kommenden Reichspräsidentenwahl für Hindenburg und damit gegen Hitler zu stimmen, verhallte in der Region Gifhorn-Isenhagen relativ wirkungslos, wie die folgenden Wahlergebnisse bewiesen.

---

[111] Allerzeitung vom 26.02.1932, auch im Folgenden.

Die Bedeutung der Weltwirtschaftskrise

In der Forschung besteht Einigkeit darüber, dass die infolge des Zusammenbruchs der New Yorker Aktienbörse im Oktober 1929 einsetzende Weltwirtschaftskrise in Deutschland die republikfeindlichen Kräfte entscheidend gestärkt hat. Die „Erdrutschwahl" vom September 1930, bei welcher die NSDAP ihre Stimmenzahl versiebenfachte, hing offensichtlich mit der sich kontinuierlich verschlechternden Wirtschaftslage zusammen, und seit Ende Juli 1932 bestand im Reichstag schließlich die Situation, dass eine parlamentarische Mehrheit, die noch auf dem Boden der Weimarer Verfassung stand, nicht mehr gebildet werden konnte. Nationalsozialisten und Kommunisten, beide Gegner von Republik und Demokratie, stellten nun zusammen die Mehrheit in dem Parlament, das sie abschaffen wollten. Spätestens seit 1930 bildeten die Arbeitslosen unter den Wählern der NSDAP jeweils die größte Gruppe, bei der Reichstagswahl im Juli 1932 machten sie fast die Hälfte aus.[112] Der wachsende Zuspruch für die NSDAP wird auch dadurch deutlich, dass die Zahl der Parteimitglieder von Ende 1929 bis Ende 1930 von knapp 180.000 auf fast 390.000 wuchs.[113] Bis zum Höhepunkt der Wirtschaftskrise Ende 1932 verdreifachte sich diese Zahl noch einmal auf rund 1,2 Millionen Mitglieder.

---

[112] https://de.statista.com/statistik/daten/studie/1138901/umfrage/nsdap-waehler-nach-berufsgruppen/
[113] https://de.wikipedia.org/wiki/Nationalsozialistische_Deutsche_Arbeiterpartei#Mitgliedszahlen_und_-kartei, auch im Folgenden.

Der Isenhagener NSDAP-Chronist bestätigt, dass die Folgen der Weltwirtschaftskrise der Propaganda seiner Partei nützten: „Da kroch, allmählich stärker bemerkbar, auch durch unseren Kreis die Not, pochte hier an eine Tür und schlüpfte dort durch das Tor. Jeder erkannte klar, so konnte es nicht lange weiter gehen. Infolgedessen wurden die Leute in immer steigendem Maße hellhörig für das, was der Nationalsozialismus ändern wollte."[114] An anderer Stelle schreibt er, dass „dem Nationalsozialismus in seiner Aufklärungsarbeit die allgemeine Not zu Hilfe kam".[115]

Wie bereits erwähnt, war die wirtschaftliche Stimmung in Osthannover bereits in den allgemein als „Goldene Zwanziger" bezeichneten Jahren gedrückt. Die Schwierigkeiten betrafen aber nicht nur die dominierende Landwirtschaft, sondern auch das Handwerk. So berichtete der Geschäftsführer des Gifhorner Handwerksamtes auf dem Kreishandwerkertag im Juni 1927, dass seine Geschäftsstelle 182 erfolgreiche Mahnverfahren durchgeführt und dabei über 12.000 Reichsmark für die Betriebe hereingeholt habe.[116] Trotz dieser Erfolge wäre die Geschäftsstelle im Folgejahr beinahe geschlossen worden, weil einigen Innungen die Kosten für dieselbe sowie für das 1926 errichtete Lehrlingsheim zu hoch erschienen.[117] Viele Handwerker litten bereits in den 1920er Jahren erhebliche Not. Am besten waren noch diejenigen unter ihnen dran, die nebenbei in bescheidenem Maße Landwirtschaft betreiben konnten.

---

[114] KA Gf Bibl 10 033, a.a.O., S. 23.
[115] Ebenda, S. 22.
[116] Felleckner, S. u. T., Die Geschichte der Kreishandwerkerschaft Gifhorn 1921-1996, Gifhorn 1996, S. 45. Die in Niedersachsen weit verbreiteten Handwerksämter waren die Vorläufer der 1934 errichteten (öffentlich-rechtlichen) Kreishandwerkerschaften.
[117] Ebenda, S. 45ff.

Die weitgehend kleinteilige Ökonomie Osthannovers blieb zwar bis zu einem gewissen Grade unempfindlich gegen die großen weltwirtschaftlichen Zyklen, doch wirkte sich die Gesamtlage schließlich auch hier mehr und mehr aus, insbesondere in Form von fehlender Nachfrage, Schwarzarbeit und Preisdumping. Die strikte Spar- und Deflationspolitik der seit März 1930 im Amt befindlichen Reichsregierung Brüning schien die Krise noch zu verschlimmern und eröffnete den Massen der Arbeitslosen und ihren Familien keinerlei Perspektiven. Der Isenhagener NSDAP-Chronist schrieb dazu: „Brünings Notverordnung verordnete eine Not nach der anderen. Das wirtschaftliche Leben stockte, Angebot und Nachfrage standen in schroffem Gegensatz zueinander. Konkurse über Konkurse waren die furchtbaren Folgen des wirtschaftlichen Niedergangs."[118] Auf dem Gifhorner Kreishandwerkertag im August 1931 verabschiedeten die versammelten Innungsvertreter sogar eine Resolution des „ehrlichen Handwerks" an den Reichstag, in welcher sie unter anderem Folgendes forderten:

- Behördliche Bekämpfung der Schwarzarbeit
- Exemplarische Bestrafung von Schwarzarbeitern und deren Auftraggebern
- Gesetzlicher Schutz auskömmlicher Preise für handwerksgerechte Arbeiten
- Unantastbarkeit der berufsständischen Selbstverwaltung
- Abkehr vom System der Gewerbefreiheit

---

[118] KA Gf Bibl 10 033, a.a.O., S. 22.

- Herausnahme der Lehrlinge aus dem Tarifvertragssystem
- Lockerung der Arbeitszeitbestimmungen[119]

Auf dem Kreishandwerkertag im August 1932 in Fallersleben, kurz nach den für die Nationalsozialisten so erfolgreichen Reichstagswahlen, traten erstmals zwei Redner der NSDAP vor den versammelten Gifhorner Innungsmitgliedern auf. Einer von ihnen, Dr. Franz Förster, der auch zum Führungspersonal der Handwerkskammer Harburg gehörte, erhielt viel Zuspruch, als er sich für die Abschaffung der Gewerbefreiheit stark machte. „Der Nationalsozialismus", so Förster, werde „den endgültigen Bruch mit dem wirtschaftlichen Liberalismus" vollziehen. Eingehend auf die nach der Reichstagswahl erfolgte Regierungsbildung ohne die NSDAP rief er aus: „Wäre Hitler an die Regierung gekommen, dann wäre der Schutz dem Handwerk zugute gekommen."[120] Die Rede verfehlte ihre Wirkung nicht. Offensichtlich schlug die Propaganda der Nationalsozialisten bei den vielen kleinen Gewerbetreibenden den richtigen Ton an. In Handwerk, Einzelhandel und Landwirtschaft herrschte eine Stimmung von völliger Machtlosigkeit gegenüber den anonymen, global agierenden Wirtschafts- und Finanzkräften vor, denen das Schicksal der einfachen Leute gleichgültig zu sein schien. In diese Kerbe hieben die Redner der NSDAP immer wieder und bedienten sich dabei eines damals weitverbreiteten antikapitalistischen Ressentiments. Der Isenhagener NS-Chronist schrieb denn auch ganz in diesem Sinn, „daß Adolf Hitler

---

[119] Felleckner, S. u. T., Die Geschichte der Kreishandwerkerschaft Gifhorn 1921-1996, a.a.O., S. 53.
[120] Ebenda, S. 56f. Zum Einzugsbereich der Handwerkskammer Harburg gehörte auch die Region Gifhorn-Isenhagen.

deutscher Sozialist ist und nicht mit Posten und Titeln für fremde Ziele gekauft werden kann".[121] In der damaligen Situation erschien offensichtlich einer wachsenden Zahl von Deutschen die Vermengung von Nationalismus und Sozialismus –an sich ein theoretisches Paradoxon- keinesfalls widersprüchlich, sondern vielmehr als einzige Lösung für die wirtschaftlichen und politischen Probleme ihrer Zeit.

Offensichtlich haben Massenarbeitslosigkeit und –elend als Folgen der Weltwirtschaftskrise den Niedergang der Weimarer Republik nachhaltig beschleunigt. Dennoch wäre es übertrieben, den Aufstieg der Hitlerpartei in Deutschland und insbesondere in der Region Osthannover allein mit der wirtschaftlichen Misere ab Ende 1929 zu erklären. In vielen anderen Ländern, sogar in Siegerstaaten des vergangenen Weltkrieges wie den USA, waren die ökonomischen Verhältnisse stellenweise noch schlechter, ohne dass diese Gesellschaften in die Diktatur abdrifteten. Auch ist bereits darauf hingewiesen worden, dass die Krise in Osthannover bereits eine in vielen Bereichen geschwächte Wirtschaft traf, also der „Fall" nicht so tief war wie etwa in stärker industriell geprägten Regionen. Darüber hinaus schienen neben den systemfeindlichen Nationalsozialisten und Kommunisten auch noch andere politische Akteure Besserung zu versprechen, die eher dem traditionellen Milieu entstammten. Nach dem Sturz des äußerlich und rhetorisch wenig imposanten Reichkanzlers Brüning trat im Juni 1932 mit seinem Nachfolger v.Papen eine Persönlichkeit ins Rampenlicht, die in vielerlei Hinsicht einen Neuanfang zu versprechen schien. Auch wirtschaftspoli-

---

[121] KA Gf Bibl 10 033, a.a.O., S. 42.

tisch wich die neue Regierung vom bisherigen strengen Sparkurs ab und stellte öffentlich geförderte Konjunkturprogramme in Aussicht.[122] Dies schien zumindest in die richtige Richtung zu weisen. So hieß es etwa seitens der Handwerkskammer Harburg im dritten Quartalsbericht des Jahres 1932 über die Ankündigungen des neuen Reichskanzlers: „Die Reichsregierung von Papen hat sich endlich zur Umkehr von der bisherigen amtlichen Wirtschaftspolitik entschlossen und ein großzügiges Wirtschaftsprogramm aufgestellt, das in seinen Kernpunkten zweifellos auch vom Standpunkt des Handwerks als eine geeignete Grundlage für die Wiederbelebung aller Wirtschaftszweige angesprochen werden kann."[123] Bereits im April hatte die Gifhorner Allerzeitung über Projekte zur Arbeitsbeschaffung berichtet, die fertig in den Schubläden bei Regierungen und Verwaltungen lägen.[124] Dabei war vor allem „an den Ausbau- des Straßen- und Verkehrsnetzes, landwirtschaftliche Meliorationen, Siedlungsarbeiten und an ähnliche Aufgaben gedacht", also an Maßnahmen, welche die Nationalsozialisten ab 1933 tatsächlich in großem Maße durchführen sollten. Die Ingangsetzung scheiterte jedoch damals noch am fehlenden Kapital, welches im Inland nicht vorhanden und vom Ausland nicht zu erhalten war. Vor einem rein schuldenfinanzierten Konjunkturprogramm, wie es Hitler dann ab 1933 ins Werk setzen sollte, scheute die damalige Reichsregierung in Erinnerung an die Hyperinflation von 1923 noch zurück.

---

[122] https://de.wikipedia.org/wiki/Franz_von_Papen#Reichskanzler
[123] Felleckner, S. u. T., 100 Jahre Handwerkskammer Lüneburg-Stade, Lüneburg 2000, S. 120. Der Zentrumspolitiker v.Papen führte die Reichsregierung von Juni bis Dezember 1932 ohne eine parlamentarische Mehrheit. Er stützte sich allein auf die Macht des Reichspräsidenten v.Hindenburg („Präsidialkabinett").
[124] Allerzeitung vom 19.04.1932, auch im Folgenden.

Die wirtschaftliche Rezession machte sich auch in Form von sinkenden Steuereinnahmen bemerkbar. Bereits auf dem Gifhorner Kreistag Ende April 1931 war festgestellt worden, dass der größte Haushaltsposten des Kreisetats, welcher den Erhalt und den Ausbau der Kreisstraßen betraf, nicht einmal ansatzweise durch Einnahmen gedeckt sei.[125] In einer entsprechenden Petition an die preußische Staatsregierung zwecks Abhilfe hieß es: „Die Landstraßen des Kreises gehen, da die Mittel zu ihrer ordnungsgemäßen Unterhaltung namentlich infolge der ständig steigenden Wohlfahrtslasten fehlen, einem heillosen Verfall entgegen."[126] Mittlerweile beliefen sich die Schulden des Kreises auf fast 600.000 Reichsmark, und den Kosten für die Wohlfahrtspflege von knapp 320.000 Reichsmark standen lediglich zu erwartende Einnahmen von nicht einmal 150.000 Reichsmark entgegen.[127]

Auf einer Notkundgebung des Gifhorner Kreislandbundes Anfang November desselben Jahres traten zwei Redner der NSDAP auf, deren Worte beim Publikum offenbar großen Anklang fanden. Einer der Redner führte zusammenfassend aus, dass „die letzten Wahlen (...) zur Genüge (zeigten, e.A.), daß sich die junge Generation in der Landwirtschaft dem stürmenden Vorwärtsdrängen dieser nationalen Bewegung angeschlossen habe".[128] Im Diensttagebuch des Gifhorner Landrats findet

---

[125] KA Gf Bibl 10 007 / 02, a.a.O., S. 207f.
[126] Ebenda.
[127] Ebenda sowie Allerzeitung vom 01.05.1931.
[128] KA Gf Bibl 10 007 / 02, a.a.O., S. 212.

sich kurz darauf eine Eintragung über „begeisterte Kundgebungen in Meine im Zeichen des Hakenkreuzes" unter Mitwirkung verschiedener lokaler Honoratioren.[129]

Der Gifhorner Kreistag vom 13. Juni 1932 stand mittlerweile völlig im Schatten der allgemeinen wirtschaftlichen Krise. In seiner Eröffnungsrede führte Landrat v.Wagenhoff unter Anderem aus: „Die drückende Not (...) ist selbstverständlich am Kreise Gifhorn nicht vorübergegangen. Auch unsere Landwirtschaft kämpft um ihre Existenz. Sie kann bei den völlig unzureichenden Preisen für ihre Produkte zum großen Teile die Zinsen, Steuern und sozialen Lasten nur noch unter Eingriff in die Substanz aufbringen, und auch dieser Weg ist ihr beschnitten, weil der Kredit fehlt. In gleicher unglücklicher Lage befindet sich unser Handwerk und unsere Industrie, denen die Aufträge fehlen. (...) Wir erwarten sehnsüchtig eine Besserung der Verhältnisse von der allgemeinen Gesetzgebung und zwar Herabsetzung der Zinsen, Erleichterung der Steuern und Entlastung der Gemeinden von der Krisen- und Wohlfahrtserwerbslosenfürsorge."[130] Im Einzelnen verwies der Landrat darauf, dass von 20 Landgemeinden noch rund 80.000 Reichsmark an Steuern ausstünden und auch ansonsten erst wenig Zahlungen bei der Kreiskommunalkasse eingegangen seien. In dieser Lage sei es nicht ausgeschlossen, dass diese ihre Zahlungen zumindest vorübergehend einstellen müsse. Die Zahl der Arbeitssuchenden war unterdessen kreisweit auf über 6.000 Personen angestiegen.[131] Was die Stadt Gifhorn betraf, so hatte Bürgermeister Kratz be-

---

[129] Ebenda, S. 212.
[130] Ebenda, S. 221. Auch im Folgenden (S. 221f).
[131] Ebenda, S. 252.

reits im Dezember 1931 in einem Presseartikel unter der Überschrift „Die Not in Gifhorn" auf die desolate finanzielle Lage sowie die steigenden Aufwendungen für die Erwerbslosen und deren Angehörige hingewiesen. Demnach war jeder sechste Einwohner der Kreisstadt von öffentlicher Unterstützung abhängig.[132]

Trotz all dem oben Angeführten war die wirtschaftliche Not in der Region Gifhorn-Isenhagen weder qualitativ oder quantitativ derart einzigartig, dass sie die dortigen überdurchschnittlich guten Wahlergebnisse der NSDAP hätte erklären können. Standen auf dem Höhepunkt der Krise reichsweit etwa zwei Beschäftigte einem Unterstützungsempfänger gegenüber, gestaltete sich das Verhältnis in der Region Gifhorn-Isenhagen noch deutlich günstiger. [133] Insbesondere war dort der Anteil der Selbstversorger aufgrund der vielen kleinen landwirtschaftlichen Betriebe vergleichsweise hoch, was zumindest die Ernährungslage entspannte. Es ist nicht abzustreiten, dass die wirtschaftliche Not der Propaganda der Nationalsozialisten generell in die Hände spielte, doch tat sie das in der hiesigen Region sicher nicht mehr als anderswo.

---

[132] Allerzeitung vom 03.12.1931.
[133] https://de.wikipedia.org/wiki/Weltwirtschaftskrise#Produktion , sowie KA Gf Bibl 10 007 / 02, a.a.O., u.a. S. 203, 207f, 221f.

Wirksamkeit und Unwirksamkeit von Propaganda

Da 1932 im Juli und November Reichstagswahlen abgehalten wurden und darüber hinaus im Frühjahr noch die Wahl des Reichspräsidenten stattfand, herrschte de facto das ganze Jahr über Wahlkampf in Deutschland. Die Wahlergebnisse zeigten, dass die Propaganda der Nationalsozialisten mit Abstand am wirkungsvollsten war, obwohl auch sie keinen Weg aus der Wirtschaftskrise weisen konnten. Beispielhaft für diese Entwicklung war der Verlauf einer sehr gut besuchten Kundgebung der NSDAP in Gifhorn, die Mitte Oktober im Vorfeld der November-Reichstagswahl stattfand. Neben den üblichen Rednern, darunter einmal mehr jener Pastor Hahn, der die Schuld für die aktuelle Misere −natürlich− bei den Juden ausgemacht hatte, trat dort als Hauptattraktion der Hohenzollernprinz August Wilhelm auf, welcher die nationalsozialistische Bewegung auf eine Stufe mit der Reformation stellte und sich selber als schlichten „Kämpfer in deutscher Not" bezeichnete. Im Diensttagebuch des Gifhorner Landrats heißt es abschließend dazu: „Die gesamte Kundgebung bewies, wie festen Boden die Sache der NSDAP im Kreise gefaßt hatte."[134] Nicht weniger euphorisch verkündete die NSDAP-Pressestelle im Kreis Isenhagen zur selben Zeit: „So haben sich in diesem Kampfe die Fronten glücklich geklärt (…). Und die schaffenden Massen kommen − und mit

---

[134] KA Gf Bibl 10 007 / 02, a.a.O., S. 231. Der Landrat zitierte hier allem Anschein nach aus einem gleichlautenden Artikel der Allerzeitung. Ob er selber an jener Kundgebung teilnahm, ist nicht sicher, allerdings auch nicht auszuschließen. Prinz August Wilhelm von Preußen (1887-1949), ein Sohn des letzten deutschen Kaisers, war bereits 1930 der NSDAP beigetreten.

diesen werden wir das neue Reich bauen unter dem Siegeszeichen des Hakenkreuzes."[135] Was die Region Gifhorn-Isenhagen betrifft, waren diese Propagandatöne jedenfalls keine leeren Worte. Zu dieser Zeit stand die übergroße Mehrheit der dortigen Bevölkerung bereits hinter Hitler und seiner Partei.

Dabei ist es keinesfalls so, als hätte es keine fachkundigen Gegenstimmen gegeben, insbesondere hinsichtlich der ökonomischen Misere, ihrer Ursachen sowie bezüglich etwaiger sinnvoller Maßnahmen zur Besserung der Lage. Bereits zwei Jahre zuvor, im Vorfeld der Reichstagswahl vom September 1930, war im Isenhagener Kreisblatt ein Artikel erschienen, der in mancherlei Hinsicht als prophetisch bezeichnet werden kann. Darin analysierte ein aus Niedersachsen stammender Professor für Volkswirtschaftslehre sowohl die aktuelle politische wie wirtschaftliche Lage und kam dabei zu eindeutigen Schlüssen. So hieß es etwa zum Nationalsozialismus: "Niemand, der am 14. September nationalsozialistisch wählt, soll später sagen können, er habe nicht gewußt, was daraus entstehen könnte. Er soll wissen, daß er Chaos statt Ordnung, Zerstörung statt Aufbau wählt. Er soll wissen, daß er für den Krieg nach innen und nach außen, für sinnlose Zerstörung stimmt."[136] Insbesondere der Landwirtschaft seiner niedersächsischen Heimat gab der Schreiber folgenden Rat: „Was die deutsche Volkswirtschaft und daher auch die deutsche Landwirtschaft braucht, ist ein arbeitsfähiger Reichstag, aus dem eine Regierung der Besonnenheit und des Aufbauwillens hervorgehen kann, eine Regierung,

---

[135] KA Gf Bibl 10 033, a.a.O., S. 42.
[136] HWZA, Isenhagener Kreisblatt vom 13.09.1930. Der Artikel mit dem Titel „Ein Sohn Niedersachsens an das Landvolk" erschien unter Vollnamen (Dr. Wilhelm Röpke). Siehe auch im Folgenden.

der In- und Ausland Vertrauen schenken können." Als Volkswirtschaftler wies er abschließend noch auf einige Zusammenhänge hin, die sicher niemals in der Rede eines NSDAP-Propagandisten zu hören waren: „Die Furcht, daß es bei uns drunter und drüber gehen könnte, hat uns bisher das Kapital des Auslands ferngehalten und das eigene aus dem Lande getrieben. Die Folgen sind hoher Zinsfuß, Arbeitslosigkeit, hohe Steuern und mangelnde Kaufkraft für landwirtschaftliche Produkte gewesen. (...) Wir brauchen zuallererst Vertrauen! Vertrauen zur Stabilisierung unserer politischen Verhältnisse, Vertrauen dazu, daß dem deutschen Volke der Wille zur Ordnung und zur Vernunft noch nicht abhanden gekommen ist!" Wie eine zeitlose Mahnung liest sich der letzte Satz des Artikels: „Mitschuldig werden Sie, wenn Sie nationalsozialistisch oder auch eine Partei wählen, die keine Bedenken hat, mit den Nationalsozialisten eine Regierung zu bilden!" Das Ergebnis der kurz darauf stattfindenden „Erdrutschwahl" bewies jedoch, dass derartige Stimmen in Deutschland und speziell in der Region Gifhorn-Isenhagen immer weniger Gehör fanden.

Auch im Vorfeld der Reichspräsidentenwahl vom Frühjahr 1932 fanden sich in der Region Gifhorn-Isenhagen noch machtvolle Stimmen gegen den erstarkenden Nationalsozialismus. So hielten etwa am 21. Februar republikfreundliche Organisationen, die sich reichsweit zur „Eisernen Front" zusammengeschlossen hatten, eine Kundgebung in Broders Saalbau in Gifhorn ab.[137]

---

[137] Allerzeitung vom 22.02.1932, auch im Folgenden. Die „Eiserne Front" bestand aus dem Reichsbanner Schwarz-Rot-Gold (republiktreue Frontsoldatenvereinigung des Ersten Weltkrieges), dem Allgemeinen Deutschen Gewerkschaftsbund (ADGB), dem Allgemeinen freien Angestelltenbund (AfA-Bund), der SPD und dem Arbeiter Turn- und Sportbund (ATSB).

Der Hauptredner stellte seinem zahlreichen Publikum ausführlich die Gefahren dar, die in einer Reichspräsidentschaft Hitlers liegen würden, wobei er auch auf die Auswirkungen der Wirtschaftskrise für die politische Entwicklung in Deutschland einging. Der Pressebericht gab den Inhalt der Rede folgendermaßen wieder: „Der Niedergang unserer Wirtschaft sei der Boden, auf dem der Nationalsozialismus groß geworden sei. (...) „Kampf dem System" sei immer das Losungswort, (...) Allerdings sage man: das marxistische System. (...) Wir hätten jedoch kein marxistisches System, sondern ein kapitalistisches. Nur die kapitalistische Wirtschaftsform trage die Schuld am Kriege und seinen Folgen." Daraufhin verwies der Redner auf die globale Dimension der Krise: „Amerika, England, Italien litten gleichfalls an Dauerarbeitslosigkeit und niemand werde behaupten, daß dort Marxisten an der Staatsführung beteiligt seien." Die sozialen Parolen der Nationalsozialisten seien nur Fassade, in Wirklichkeit gehe es dieser Partei darum, die Gewerkschaften zu zerschlagen und mithilfe einer Arbeitsdienstpflicht die Arbeiter „schrankenlos" ausbeuten zu können. Weiter heißt es im Pressebericht: „Mit dem Kampfruf für sozialen Aufstieg und für den Bestand der deutschen Republik schloß der Redner unter stürmischem Beifall seine Ausführungen." Im Vortrag eines weiteren Redners klangen auch problematische Aspekte der aktuellen politischen Situation an, so etwa die zunehmend erfolgreiche Werbung der NSDAP innerhalb der durch die Krise geschwächten Arbeiterschaft: „Bedauerlich sei, daß in den gegnerischen Reihen so viele Söhne deutscher Arbeiter ständen, die durch die wirtschaftliche Not aus dem Arbeitsprozeß ausgeschieden seien, so daß nun Arbeiter gegen Arbeiter kämpften." Zum Abschluss betonte der Hauptredner noch einmal das traditionelle republikanische Credo, dass „nicht mit Gewalt, sondern mit der Aufklärung der breiten Masse der Kampf geführt werden solle".

Von ganz anderer Art war eine drei Tage zuvor abgehaltene Veranstaltung der NSDAP-Ortsgruppe Heiligendorf.[138] Im „vollbesetzten Saale" der dortigen Gastwirtschaft hielt sich der dortige Redner, ein SA-Oberführer, gar nicht mit wirtschaftspolitischen Einzelheiten oder sonstigen Fakten auf, sondern ging gleich zur politischen Vulgärmystik über: „Das oberste Gesetz unserer Politik muß sein, den Schrei nach dem täglichen Brot zu stillen, dem Ruf nach Befreiung zu folgen, die soziale Frage zu lösen. Auf Grund des heutigen Systems müssen Millionen Deutscher brotlos sein, eine gewollte Folge der marxistischen Lehre, aufgestellt vom Juden Marx. (...) Die Mehrzahl unserer Volksgenossen ist mehr oder weniger von der jüdischen Zersetzung erfaßt, ohne es zu ahnen. Deswegen ist es unsere heilige Pflicht, uns aufzuraffen, damit wir erkennen, daß wir Deutsche sind und wir deutsche Art bewahren müssen, daß wir nicht durch negrinische oder jüdische Sitten entarten." Bezüglich der Weltwirtschaftskrise war lediglich zu hören, dass Hitler angeblich „den Schlüssel zur Lösung" derselben habe. Zum Abschluss seiner Rede ließ es sich der Redner nicht nehmen, darauf hinzuweisen, dass die NSDAP mittlerweile dreimal so viele Mitglieder habe wie die SPD. Der Pressebericht schließt: „Mit dem Absingen des „Horst-Wessel-Liedes" und einem dreifachen „Sieg-Heil" auf den Führer Adolf Hitler wurde die erfolgreiche Versammlung geschlossen." Bekanntermaßen erzielte der Kandidat

---

[138] Ebenda, auch im Folgenden.

der Nationalsozialisten in beiden Wahlgängen der Reichspräsidentenwahl von 1932 in der Region Gifhorn-Isenhagen außerordentlich gute Ergebnisse.

Die Erfolge der NSDAP seit der „Erdrutschwahl" vom September 1930 überlagerten längst die Erfahrungen der mühseligen Anfangsjahre und führten unter ihren Anhängern mehr und mehr zu einer euphorischen Stimmung. Auf einer Massenkundgebung in Gifhorn in Broders Saalbau am 6. März 1932 verkündete NSDAP-Kreisleiter Fröhlich vor einer jubelnden Menschenmenge, dass eine Million Parteimitglieder und 12 Millionen Wähler hinter Hitler stünden und dieser längst bewiesen habe, „auch ein Volk von 65 Millionen führen (zu, e.A.) können".[139] Ein anderer Redner behauptete: „Das gesamte Handwerk, der gesamte Mittelstand, die gesamte Landwirtschaft bekennen sich heute zu 90 Prozent zur NSDAP." Die pathosüberladene Ansprache gipfelte in dem Ausruf, „Deutschland werde nicht sterben, solange braungekleidete Männer bereit seien, für Deutschland zu sterben". Im Pressebericht hieß es: „Die temperamentvolle Rede wurde fortgesetzt von Beifall unterbrochen, der sich zuletzt zur Ovation steigerte." In dieselbe Kerbe hatte bereits am 18. Februar eine Verlautbarung der NSDAP-Kreisleitung von Isenhagen geschlagen, in welcher es unter anderem hieß: „Der Nationalsozialismus marschiert unaufhaltsam vorwärts. In den letzten drei Monaten hat sich in unserem Kreise Isenhagen die Mitgliederzahl um das Zehnfache vermehrt. In fast allen Orten

---

[139] Allerzeitung vom 07.03.1932, auch im Folgenden.

sind neue Ortsgruppen und Stützpunkte entstanden oder in Bildung begriffen. Niemand und nichts vermag diese Bewegung aufzuhalten (...)."[140]

Die Ergebnisse der Wahlen des Jahres 1932 schienen den Optimismus der NSDAP-Anhänger zu rechtfertigen. In der zweiten Runde der Reichspräsidentenwahl im April erhielt Hitler immerhin 36,8%, und bei der Reichstagswahl knapp drei Monate später errang seine Partei sogar 37,3% der Stimmen.[141] Obwohl die NSDAP im neuen Reichstag mit 230 Abgeordneten die mit Abstand größte Fraktion stellte, blieb die allein durch den Reichspräsidenten gestützte Regierung Papen jedoch im Amt, was Hitlers Gefolgschaft entsprechend empörte. In Isenhagen ließ die Pressestelle der NSDAP verkünden: „Der blutigste Bürgerkrieg wäre die unausbleibliche Folge einer rein deutschnationalen und damit kapitalistischen Regierung. Diese „Herren" haben die Zeichen der Zeit anscheinend immer noch nicht begriffen. In ihrer Einbildung, Anmaßung und Überheblichkeit, in ihrem Standesdünkel und Kastengeist stehen sie der wirklichen Volksstimmung völlig fern."[142] Tatsächlich musste der neue Reichstag bereits im September wieder aufgelöst werden, was die Ausrufung von Neuwahlen bedeutete. Letztendlich hatte das Rekordergebnis vom Juli 1932 der NSDAP nichts eingebracht, und verschiedene Personen im Führungszirkel der Partei

---

[140] KA Gf Bibl 10 033, a.a.O., S. 26.
[141] In den Kreise Gifhorn und Isenhagen waren, wie bereits weiter oben berichtet, die Ergebnisse für Hitler und die NSDAP noch deutlich besser (2. Runde Reichspräsidentenwahl 61,8% / 64,0%, Reichstagswahl 67,3% / 72,6%). Siehe auch Anhang zu dieser Arbeit.
[142] KA Gf Bibl 10 033, a.a.O., S. 38.

zweifelten schon an den Erfolgsaussichten des streng legitimistischen Kurses ihres „Führers".[143] Der folgende Wahlkampf verlief deutlich weniger schwungvoll und stellte die Loyalität vieler Parteimitglieder auf die Probe. Auch der Isenhagener Chronist konnte diese Problematik nicht ignorieren, obgleich er ihr im Rahmen seines Berichts eine Gloriole verlieh: „Der Kampf wurde hart, besonders der Kampf von Mund zu Mund. (…) Eine Belastungsprobe härtester Art für die Bewegung ließ schleunigst alles ausscheiden, was nicht echt war."[144]

Für die Isenhagener NSDAP kam noch erschwerend hinzu, dass mit dem Anschluss des Kreisgebiets an Gifhorn am ersten Oktober 1932 auch die Eigenständigkeit innerhalb der Parteiorganisation verloren gegangen war. Der Chronistenbericht wird hier überraschend deutlich und verschweigt die Enttäuschung unter den Parteimitgliedern nicht: „Am 30. September gab der Landrat die Auflösung des Kreises Isenhagen bekannt. Gleichzeitig damit wurde der Kreis Isenhagen auch parteipolitisch dem Kreise Gifhorn angegliedert. Unser bewährter Kreisleiter, dem in unermüdlicher Arbeit die Zusammenfassung gleicher Kräfte restlos gelungen war, mußte die Geschäfte dem Leiter des Kreises Gifhorn, Pg. Fröhlich, übergeben. Der Verlust der Selbständigkeit wirkte sich in dem bisher straffgefaßten Kreise nicht zum Vorteil aus. Die großen räumlichen Entfernungen allein schon waren der bis dahin gewohnten engen Verbundenheit aller durch die gemeinsame Kreisleitung sehr hinderlich. Manches Gute, das langsam geworden war, kümmerte hinfort

---

[143] Sogar Joseph Goebbels notierte in diesen Tagen: „Zur absoluten Mehrheit kommen wir so nicht." Siehe Thamer, H.-U. in: https://www.bpb.de/themen/nationalsozialismus-zweiter-weltkrieg/dossier-nationalsozialismus/39536/die-nationalsozialistische-massenbewegung-in-der-staats-und-wirtschaftskrise/ S. 14.
[144] KA Gf Bibl 10 033, a.a.O., S. 40.

oder verschied vollkommen, und das war für die Kampfzeit bedenklich."[145] Andererseits lieferte die ungeliebte Zusammenlegung der Kreise der Propaganda der Nationalsozialisten in der Region weitere Argumente gegen das Weimarer „System", welchem diese Maßnahme ungeschmälert angelastet werden konnte. Das bereits erwähnte Ergebnis der Novemberwahlen im Gifhorner und Isenhagener Gebiet blieb für die NSDAP trotz auch hier eingetretener Verluste außerordentlich gut.[146]

Exkurs: Die Entwicklung im Landkreis Uelzen

Die Region Osthannover entwickelte sich spätestens ab 1930 zu einer ausgesprochenen NSDAP-Hochburg, wobei die Nationalsozialisten sowohl die Deutsch-Hannoveraner wie die anderen Rechtsparteien nach und nach zurückdrängten und schließlich sogar deutlich übertrafen. Bei der Reichstagswahl im Juli 1932 erreichten die Nationalsozialisten in Osthannover mit 49,5% bereits fast die absolute Mehrheit.[147] Dementsprechend ließen sich in den dortigen Kreisen mehr oder weniger vergleichbare Wahlergebnisse beobachten wie in der Region Gifhorn-Isenhagen.[148] Beispielhaft sei hier auf den nördlichen Nachbarkreis

---

[145] Ebenda, S. 41.
[146] KA Gf Bibl 10 007 / 02, a.a.O., S. 232. Im alten Gifhorner Gebiet erhielt die NSDAP 60,6%, im ehemaligen Kreis Isenhagen 65,4%.
[147] https://www.wahlen-in-deutschland.de/wuuphannover.htm
[148] Gutmann, a.a.O., S. 51f. https://www.wahlen-in-deutschland.de/wuuphannover.htm

Uelzen verwiesen, welcher hinsichtlich Ausdehnung, Bevölkerung und Wirtschaft sehr ähnlich strukturiert war.[149] Auch dort waren die Nationalsozialisten schon früh sehr stark geworden. So erzielten sie bereits bei den Wahlen zum Provinziallandtag am 17. November 1929 22,2% der Stimmen und bei der „Preußenwahl" vom April 1932 56,1%.[150] Der letzte Wert erreichte zwar nicht das damalige Gifhorner Niveau (64,1%), doch zeigte er, dass die Hitlerpartei auch in Uelzen überdurchschnittlich gut abschnitt. Bei der Reichstagswahl vom 14. September 1930 hatte die NSDAP im Kreis Uelzen mit 34,4% sogar leicht das Ergebnis in der Region Gifhorn-Isenhagen (34,2%) übertroffen, blieb jedoch bei den beiden Urnengängen des Jahres 1932 trotz sehr guter Ergebnisse für die Hitlerpartei von 57,6% (Juli) und 48,6% (November) deutlich hinter den dortigen Resultaten zurück.[151]

Im Gegensatz zur Gifhorn-Isenhagener Region existierte in Uelzen eine recht aktive Zelle der KPD, deren Anhänger den Nationalsozialisten am Tag der Reichstagswahl von 1930 sogar eine regelrechte Straßenschlacht mit mehreren Verletzten lieferten.[152] Mit dem Redakteur und Parteifunktionär Kurt Schwotzer hatten die Kommunisten in Uelzen zudem eine Führungsfigur in

---

[149] https://de.wikipedia.org/wiki/Landkreis_Uelzen ./ Siehe auch Egge, R. Vom Stresemann zum Braunhemd. Uelzen von 1918 bis 1948, Uelzen 1985, S. 23ff. Um 1930 hatte der Landkreis Uelzen eine Bevölkerung von etwa 60.000 Menschen und entsprach damit hinsichtlich der Einwohnerzahlen in etwa der Region Gifhorn-Isenhagen. Wirtschaftlich war dort ebenfalls die Landwirtschaft absolut vorherrschend.
[150] Egge, R., Vom Stresemann zum Braunhemd, a.a.O., S. 151f.
[151] Franz, a.a.O., S. 184, 192. In der Region Gifhorn-Isenhagen erzielte die NSDAP im Juli 1932 68,1% und im November 1932 61,5%.
[152] Ebenda, S. 29f sowie Egge, R., Kommunistische Bewegung und Aktivitäten in der Region Uelzen seit den 20er Jahren bis zur Auflösung der DDR, Uelzen 2009, S. 19ff. In der Folge kam es zu einem Landfriedensbruchprozess, in welchem mehrere KPD-Mitglieder verurteilt wurden.

ihren Reihen, die über die Region hinaus bekannt und aktiv war. Schwotzer schaffte es sogar, 1929 als Abgeordneter in das Uelzener Rathaus einzuziehen.[153] Vergleichbares gelang den Kommunisten in der Region Gifhorn-Isenhagen nicht. Es wäre allerdings übertrieben zu behaupten, dass die Uelzener KPD in der Spätphase der Weimarer Republik eine ernsthafte Konkurrenz für die dortige NSDAP gewesen wäre. So erhielt sie etwa bei der oben erwähnten Preußenwahl lediglich 1,6% der Stimmen, wovon bezeichnenderweise drei Fünftel aus der Stadt Uelzen stammten.[154] Insgesamt verlief der Aufstieg der Nationalsozialisten im Landkreis Uelzen in ähnlicher Weise wie in Gifhorn und Isenhagen, allerdings erreichte er nicht das dortige Niveau, was den Ausnahmecharakter der letztgenannten Region einmal mehr unterstreicht.

Zusammenfassung und Schlussbetrachtung

Hinsichtlich der Faktoren, welche den Aufstieg der Nationalsozialisten in Deutschland generell begünstigten, kann in Bezug auf die damalige Region Gifhorn-Isenhagen Folgendes gesagt werden:

---

[153] Egge, Kommunistische Bewegung (...), a.a.O., S. 23ff.
[154] Egge, Vom Stresemann zum Braunhemd, a.a.O., S. 152.

Wie die anderen frühen Hochburgen der NSDAP war auch die Region Gifhorn-Isenhagen kleinstädtisch und vor Allem ländlich geprägt.

Ebenso war die Region fast ausnahmslos protestantisch. Einzelne evangelische Geistliche betätigten sich sogar als Propagandisten der NSDAP.

Die wirtschaftlichen Verwerfungen während der Weimarer Republik, gipfelnd in der Weltwirtschaftskrise ab 1929/30, führten zu einer Abwendung breiter Bevölkerungsschichten vom demokratisch-republikanischen System und seinen Parteien.

Die allein vom Wohlwollen des Reichspräsidenten abhängigen „Präsidialregierungen" der Kanzler Brüning, Papen und Schleicher ließen das Vertrauen in die Problemlösungsfähigkeit des parlamentarischen Systems weitgehend verschwinden

Diese Faktoren machen den Aufstieg der NSDAP in der Region Gifhorn-Isenhagen bis zu einem gewissen Grade nachvollziehbar. Sie reichen allerdings nicht aus, um die außerordentlichen Ergebnisse zu erklären, welche die Hitlerpartei schließlich 1932 in diesen beiden Kreisen erzielen konnte. Nimmt man die Reichstagswahl vom 31. Juli 1932 als „Hochwassermarke" für den Erfolg der NSDAP in freien Wahlen an, so zeigt sich, dass selbst in der Hochburg Osthannover mit einem Durchschnittsergebnis von fast 50% für die Nationalsozialisten die Kreise Gifhorn und Isenhagen mit 67,3% und 72,6% noch deutlich herausragten. Um solche Werte zu erzielen, bedurfte es mehr als nur der üblichen Schubkräfte.

Vor Allem muss hier ein Faktor genannt werden, der sich der Planung weitgehend entzog. In der Region Gifhorn-Isenhagen fanden sich offensichtlich fast flächendeckend, also selbst in den kleinsten Orten, genügend überdurchschnittlich engagierte und wirkungsvolle Propagandisten, welche die Botschaft Adolf Hitlers in einer Weise verbreiteten, die man eher bei Anhängern einer Sekte oder Missionaren erwarten würde. Dieser persönliche Faktor war es, der darüber entschied, ob es in einer Region lediglich zu einem „normalen" oder außergewöhnlichen Anstieg der NSDAP-Stimmen und -Mitgliederzahlen kam. Die Parolen und Botschaften der Werberedner in Gifhorn und Isenhagen unterschieden sich nicht von denen in anderen Gegenden, aber wie es auch mit demselben Saatgut ist, das nicht überall gleich gute Erträge bringt, so war es auch mit den politischen Parolen. Sie fielen auf unterschiedlich fruchtbaren Boden. In der Region Gifhorn-Isenhagen hatten die überdurchschnittlich rührigen und ausdauernden Anhänger Hitlers den Boden entsprechend aufnahmebereit gemacht. Das Beispiel der kleinen „Anti-Hochburg" Gannerwinkel nördlich von Wittingen stützt die These von der Bedeutung des persönlichen Faktors ebenfalls, denn anders als durch das Wirken einflussreicher Leute vor Ort –dort allerdings gegen die NSDAP- ist es nicht zu erklären, warum die Hitlerpartei in diesem Dorf bis 1933 keinen Erfolg hatte.

Darüber hinaus wirkten sich in der Region Gifhorn-Isenhagen noch weitere Faktoren für die Nationalsozialisten aus. So ist zumindest für den Kreis Gifhorn belegt, dass der dortige Spitzenbeamte, Landrat v.Wagenhoff, der NSDAP bereits in den 1920er Jahren wohlwollend gegenüberstand, und in Isenhagen hat die drohende und dann auch erfolgende Kreisauflösung den NS-Aktivisten nachweislich in die Hände gespielt. Die Auswirkungen der Weltwirtschaftskrise haben dagegen eher unterdurchschnittlichen Einfluss auf die Wahlergebnisse gehabt, weil die landwirtschaftlich und kleinbetrieblich geprägte osthannoversche Ökonomie von der wirtschaftlichen Erholung der Jahre 1924 bis 1929 nur wenig profitierte und dort in vielen Bereichen bereits in der zweiten Hälfte der 1920er Jahre krisenhafte Zustände herrschten.

Abschließend kann festgestellt werden, dass in der Region Gifhorn-Isenhagen in der Spätphase der Weimarer Republik besondere Umstände zur Geltung kamen, die bewirkten, dass sie ab 1930 reichsweit zu den Gebieten zählte, in denen die Nationalsozialisten ihre besten Wahlergebnisse erzielen konnten. Durch das ab Mitte der 1920er Jahre einsetzende politische Werben eines unermüdlichen Zirkels von Aktivisten der Hitlerpartei entstand schließlich ein immer dichter werdendes nationalsozialistisches Netzwerk, das, angeführt von charismatischen Persönlichkeiten wie Ernst Lütge in Gifhorn und Ernst Wienecke in Isenhagen, eine außerordentliche propagandistische Wirkung entfaltete

Das heißt keineswegs, dass der Aufstieg der NSDAP in der Region Gifhorn-Isenhagen ein Selbstläufer war. Die Tätigkeit der NS-Aktivisten vor Ort war die gesamten 1920er Jahre über mühselig und oft von Rückschlägen gekennzeichnet. Von der Mehrheit der Bevölkerung wurden sie damals noch abgelehnt oder nicht ernst genommen, wie etwa der Isenhagener Chronist regelmäßig anmerkte. Auch waren die politischen Gegner nicht verschwunden, wenn sie auch bis 1932 weitgehend marginalisiert werden konnten. Vor diesem Hintergrund kann die Bedeutung der Aktivisten vor Ort gar nicht hoch genug eingeschätzt werden.

Der persönliche Faktor war es vor Allem, welcher den außergewöhnlich starken Aufstieg der NSDAP in der Region Gifhorn-Isenhagen ermöglichte. Da das Vorhandensein dieser NS-Aktivisten in der Region jedoch letztendlich ein Zufall war, ist diese Erkenntnis vom wissenschaftlichen Standpunkt her ein Stück weit unbefriedigend. Es wäre dennoch interessant zu überprüfen, ob in Regionen mit vergleichbaren NSDAP-Wahlerfolgen ähnliche Begünstigungsfaktoren ausgemacht werden können.

Gegenüberstellung von NSDAP-Wahlergebnissen in Prozent

Reichstagswahl am 20.05.1928:

Deutschland gesamt	Kreis Gifhorn	Kreis Isenhagen
2,6	9,8	7,1

Reichstagswahl am 14.09.1930:

Deutschland gesamt	Kreis Gifhorn	Kreis Isenhagen
18,3	36,0	31,4

Reichstagswahl am 31.07.1932:

Deutschland gesamt	Kreis Gifhorn	Kreis Isenhagen
37,3	67,3	72,6

Reichstagswahl am 06.11.1932:

Deutschland gesamt	Kreis Gifhorn	Kreis Isenhagen
33,1	60,6	65,4

Hitler-Stimmen bei der Reichspräsidentenwahl, 1. Wahlgang am 13.03.1932:

Deutschland gesamt	Kreis Gifhorn	Kreis Isenhagen
30,1	57,0	64,0

Hitler-Stimmen bei der Reichspräsidentenwahl, 2. Wahlgang vom 04.-09.04.1932:

Deutschland gesamt	Kreis Gifhorn	Kreis Isenhagen
36,8	61,8	64,0

Quellen und Literatur

Allerzeitung vom 12.09.1930, 13.09.1930, 14.09.1930, 16.09.1930, 12.10.1930, 26.11.1930, 07.08.1931, 12.08.1931, 19.10.1931, 03.12.1931, 07.12.1931, 31.12.1931, 02.01.1932, 05.01.1932, 22.01.1932, 16.02.1932, 20.02.1932, 22.02.1932, 24.02.1932, 25.02.1932, 26.02.1932, 07.03.1932, 08.04.1932, 19.04.1932, 22.04.1932, 15.07.1932, 18.07.1932, 30.07.1932, 01.08.1932, 22.10.1932, 25.10.1932, 27.10.1932, 07.11.1932.

Egge, R., Vom Stresemann zum Braunhemd. Uelzen von 1918 bis 1948, Uelzen 1985.

Egge, R., Kommunistische Bewegung und Aktivitäten in der Region Uelzen seit den 20er Jahren bis zur Auflösung der DDR. Uelzen in den 20er Jahren bis 1989, Uelzen 2009.

Felleckner, S., Der Gifhorner Landrat Dr. Eugen v.Wagenhoff in neuer Sicht, Schriftenreihe des Kreisarchivs, Bd. 28, Gifhorn 2014.

Felleckner, S. und Lehnberg, B., Spaziergang durch die Geschichte. Der Landkreis Gifhorn in Bildern 1885 bis heute, Gifhorn 2021.

Felleckner, S. u. T., Die Geschichte der Kreishandwerkerschaft Gifhorn 1921-1996, Gifhorn 1996.

Felleckner, S. u. T., 100 Jahre Handwerkskammer Lüneburg-Stade, Lüneburg 2000.

Franz, G., Die politischen Wahlen in Niedersachsen 1867-1949, 3. Erg. Aufl. mit einem Anhang: Die Wahlen 1951 bis 1956, Bremen 1957.

Gutmann, H.G., Gifhorn im Zeichen von Blut und Boden. Nationalsozialismus im Landkreis Gifhorn. Steinhorster Schriften und Materialien zur regionalen Schulgeschichte und Schulentwicklung (Hrsg.), Braunschweig und Gifhorn 1991.

Heimatverein Wittingen, Zeitungsarchiv (HWZA), diverse Ausgaben des Isenhagener Kreisblattes von 1930 bis 1932.

Henningsen, H., Niedersachsen, du wurdest unser, Harburg-Wilhelmsburg 1935.

Herlemann, B., Der Bauer klebt am Hergebrachten. Bäuerliche Verhaltensweisen unterm Nationalsozialismus auf dem Gebiet des heutigen Niedersachsen, Historische Kommission für Niedersachsen und Bremen (Hrsg.), Hannover 1993.

Herlemann, B., Biographisches Lexikon niedersächsischer Parlamentarier 1919-1945, Historische Kommission für Niedersachen und Bremen (Hrsg.), Hannover 2004.

Hitler, A., Mein Kampf, Zwei Bände in einem Band. Ungekürzte Ausgabe, Zentralverlag der NSDAP, 851-855. Auflage, München 1943, in: http://www.dedokwerker.nl/copy/ mein_kampf_de.pdf (die in den Anmerkungen zum Text angegebenen Seitenzahlen beziehen sich nicht auf die ursprünglichen Buchseiten, sondern entsprechen denen der digital wiedergegeben Quelle).

Horstmann, J., Katholiken und Reichstagswahlen 1920-1933. Ausgewählte Aspekte mit statistischem Material, in: JCSE 26 (1985): 063-095.

Kreisarchiv Gifhorn (KA Gf): Bibl 1007/ 01 und 02, Diensttagebuch des Gifhorner Landrats Dr. Eugen v.Wagenhoff, Teil 1

1908-1924, Teil 2 1925-1934 / Bibl 10 033, Krüger, H. (Red.), Wir waren dabei. Berichte über die nationalsozialistische Bewegung und ihre Entwicklung im ehemaligen Kreise Isenhagen, Wittingen 1934 / Bibl 10 119, Lebenserinnerungen des ehemaligen Gifhorner Landrats Dr. Eugen von Wagenhoff, Teil 2: Landratszeit 1908-1934, Orig. 1956, Bibl 20 168, Erinnerungen des ehem. Gifhorner Bürgermeisters Ludwig Kratz (masch. schr. Kassel 1959), Isenhagener Kreiskalender auf das Jahr 1931, Wittingen 1930 / Gifhorner Kreiskalender 2006, 2016, Verw 24/109 Lebenslauf des ehemaligen Gifhorner Landrats Dr. Eugen v.Wagenhoff (1954), Verw 48/232.

Koch, R., Erinnerungen an 100 Jahre Landkreis Gifhorn 1885.1985, Gifhorn 1985.

Ocken, N., Hitlers „Braune Hochburg": Der Aufstieg der NSDAP im Land Thüringen (1920-1933), Examensarbeit 2012.

Rode, R., Der Nationalsozialismus in den Kreisen Gifhorn und Isenhagen. Von den Anfängen bis 1933, Wiss. Übungsarbeit im Fach Geschichte (masch. schr.), Braunschweig 1980 (Privatbesitz).

Stegmann, D., Politische Radikalisierung in der Provinz. Lageberichte und Stärkemeldungen der Politischen Polizei und der Regierungspräsidenten für Osthannover 1922-1933, Historische Kommission für Niedersachsen und Bremen (Hrsg.), Hannover 1999.

https://de.wikipedia.org/wiki/Weltwirtschaftskrise#Produktion

https://de.wikipedia.org/wiki/Eugenik

https://de.wikipedia.org/wiki/Nationalsozialistische_Deutsche_Arbeiterpartei#Wahlerfolge_ab_1930

https://de.wikipedia.org/wiki/Nationalsozialistische_Deutsche_Arbeiterpartei#Mitgliedszahlen_und_-kartei

https://de.wikipedia.org/wiki/Reichstagswahl_1930

https://de.wikipedia.org/wiki/Reichstagswahl_Juli_1932

https://de.wikipedia.org/wiki/Reichstagswahl_November_1932

https://de.wikipedia.org/wiki/Reichspr%C3%A4sidenten-wahl_1932

https://de.statista.com/statistik/daten/studie/1138901/umfrage/nsdap-waehler-nach-berufsgruppen/

https://de.wikipedia.org/wiki/Landwirtschaftskammer_Hannover#Eingliederung_in_den_Reichsn%C3%A4hrstand

https://de.wikipedia.org/wiki/Franz_von_Papen#Reichskanzler

https://www.bpb.de/themen/nationalsozialismus-zweiter-weltkrieg/dossier-nationalsozialismus/39539/ursachen-des-nationalsozialismus/ (Autor Thamer, H.-U.)

https://www.bpb.de/themen/nationalsozialismus-zweiter-weltkrieg/dossier-nationalsozialismus/39536/die-nationalsozialistische-massenbewegung-in-der-staats-und-wirtschaftskrise/ (Autor Thamer, H.-U.)

https://de.wikipedia.org/wiki/Landkreis_Uelzen

https://de.wikipedia.org/wiki/Landkreis_Celle

https://www.cz.de/Celle/Aus-der-Stadt/Celle-Stadt/Antirepub-
likanische-Einstellungen-und-politische-Wahlen-in-Celle-Teil-3

https://www.wahlen-in-deutschland.de/wuuphannover.htm

https://spd-in-uelzen.de/geschichte-der-spd

https://geschichte-s-h.de/sh-von-a-bis-z/n/nationalsozialis-
mus/

https://de.wikipedia.org/wiki/Franz_von_Papen#Reichskanzler

Autor

Stefan Felleckner, geboren 1966 in Wolfsburg, studierte Geschichte und Politik in Braunschweig und schloss sein Studium
1993 mit dem Magister Artium (M.A) ab. Bis 2001 erstellte er
für verschiedene Auftraggeber historische Dokumentationen
und richtete zwei Facharchive ein. Seit 2002 leitet er das Archiv
der Gifhorner Kreisverwaltung.